我
思

敢于运用你的理智

经典维新丛书，将以不同的视角来重新整理出版近代以来的经典学术论著，其出版思路可分为：

一、展现某学术著作的思想史或批评史，如胡适《说儒》第二部分"说儒前史"，熊十力《新唯识论（批评本）》；

二、梳理某种观念或学说的历史际遇，如《国学到底是什么》《阳明心学得失论》；

三、挖掘被当代学术界忽视的学术论著，如《汤用彤讲西方哲学》、马一浮《法数钩玄》；

四、选编反映某学术大家思想特质的文集，如《太虚讲国学哲学》《王国维哲学论著集》。

经典维新

经典维新

说儒

胡适 著

图书在版编目（CIP）数据

说儒 / 胡适著．
— 武汉：崇文书局，2019.9
（经典维新）
ISBN 978-7-5403-5637-8

Ⅰ．① 说…
Ⅱ．① 胡…
Ⅲ．① 儒学—文集
Ⅳ．① B222.05-53

中国版本图书馆 CIP 数据核字（2019）第 170012 号

我思
敢于运用你的理智

说儒

出　　品	崇文书局人文学术出版中心
策 划 人	梅文辉（mwh902@163.com）
责任编辑	吴海明　刘　丹
装帧设计	张鑫容
出版发行	长江出版传媒　崇 文 书 局
地　　址	武汉市雄楚大街 268 号 C 座 11 层
电　　话	（027）87680797　邮政编码　430070
印　　刷	武汉中科兴业印务有限公司
开　　本	880mm×1230mm　　1/32
印　　张	5
字　　数	100 千字
版　　次	2019 年 9 月第 1 版
印　　次	2019 年 9 月第 1 次印刷
定　　价	32.00 元

（读者服务电话：027—87679738）

　　本作品之出版权（含电子版权）、发行权、改编权、翻译权等著作权以及本作品装帧设计的著作权均受我国著作权法及有关国际版权公约保护。任何非经我社许可的仿制、改编、转载、印刷、销售、传播之行为，我社将追究其法律责任。

目 录

说儒 …………………………………………… 1
  一、问题的提出 ……………………………… 3
  二、论儒是殷民族的教士 …………………… 7
  三、论儒之生活 …………………………… 24
  四、论"五百年必有王者兴"的预言 ……… 38
  五、论孔子的大贡献 ……………………… 55
  六、论孔子与老子的关系 ………………… 69

附:《说儒》前史 ……………………………… 85
  周东封与殷遗民 /傅斯年 ………………… 87
  毛西河论三年之丧为殷制 /胡适 ………… 96
  三年丧服的逐渐推行 /胡适 ……………… 101
  诸子不出于王官论 /胡适 ………………… 110
  古学出于史官论 /刘师培 ………………… 118
  释儒 /刘师培 ……………………………… 126

说儒

诸子学略说 /章太炎 …………………………… 129

原儒 /章太炎 …………………………………… 150

说儒

一、问题的提出。

二、论儒是殷民族的教士；他们的衣服是殷服，他们的宗教是殷礼，他们的人生观是亡国遗民的柔逊的人生观。

三、论儒的生活：他们的治丧相礼的职业。

四、论殷商民族亡国后有一个"五百年必有王者兴"的预言；孔子在当时被人认为应运而生的圣者。

五、论孔子的大贡献：（一）把殷商民族的部落性的儒扩大到"仁以为己任"的儒；（二）把柔懦的儒改变到刚毅进取的儒。

六、论孔子与老子的关系；论老子是正宗的儒。附论儒与墨者的关系。

一、问题的提出

二十多年前,章太炎先生作《国故论衡》,有《原儒》一篇,说"儒"有广狭不同的三种说法:

儒有三科,关"达""类""私"之名(《墨子·经上》篇说名有三种:达,类,私。如"物"是达名,"马"是类名,"舜"是私名):

达名为儒。儒者,术士也(《说文》)。太史公《儒林列传》曰"秦之季世坑术士",而世谓之坑儒。司马相如言"列仙之儒居山泽间,形容甚臞"(《汉书·司马相如传》语。《史记》儒作传,误)。……王充《儒增》《道虚》《谈天》《说日》《是应》,举"儒书",所称者有鲁般刻鸢,由基中杨,李广射寝石矢没羽……黄帝骑龙,淮南王犬吠天上鸡鸣云中,日中有三足乌,月中有兔蟾蜍。是诸名,籍道、墨、刑法、阴阳、神仙之伦,旁有杂家所记,列传所录,一谓之儒,明其皆公族。"儒"之名盖出于"需",需者云上于天,而儒亦知天文,识旱潦。何以明之?鸟知天将雨者曰鹬(《说文》),舜旱暵者以为衣冠。鹬冠者亦曰术氏冠（《汉·五行志》注引《礼图》），又曰圜冠。庄周言儒者冠圜冠者知天时，履句屦者知地形，缓佩玦者事至而断。（《田子方篇》文。《五行志》注引《逸周书》文同。《庄子》圜字作鹬。《续汉书·舆服志》云："鹬冠前圜。"）明灵星舞子吁嗟以求雨者谓之儒。……古之儒知天文占候，谓其多技，故号遍施于九能，诸有术者悉赅之矣。

类名为儒。儒者知礼乐射御书数。《天官》曰："儒以道得民。"说曰："儒，诸侯保氏有六艺以教民者。"《地官》曰："联师儒。"说曰："师儒，乡里教以道艺者。"此则躬备德行为师，效其材艺为儒。……

私名为儒。《七略》曰："儒家者流，盖出于司徒之官，助人君顺阴阳、明教化者也。游文于六经之中，留意于仁义之际，祖述尧舜，宪章文武，宗师仲尼，以重其言，于道为最高。"周之衰，保氏失其守，史籀之书、商高之算、蜂门之射、范氏之御，皆不自儒者传。故孔子……自诡鄙事，言君子不多能，为当世名士显人隐讳。及《儒行》称十五儒，《七略》疏晏子以下五十二家，皆粗明德行政教之趣而已，未及六艺也。其科于《周官》为师，儒绝而师假摄其名。……

今独以传经为儒，以私名则异，以达名类名则偏。要之，题号由古今异，儒犹道矣。儒之名于古通为术士，于今专为师氏之守；道之名于古通为德行道艺，于今专为老聃之徒。

太炎先生这篇文章在当时真有开山之功，因为他是第一个人提出"题号由古今异"的一个历史见解，使我们明白古人用这个名词有广狭不同的三种说法。太炎先生的大贡献在于使我们知道"儒"字的意义经过了一种历史的变化，从一个广义的，包括一切方术之士的"儒"，后来竟缩小到那"祖述尧舜，宪章文武，宗师仲尼"的狭义的"儒"。这虽是太炎先生的创说，在大体上是完全可以成立的。《论语》记孔子对他的弟子说：

女为君子儒，毋为小人儒。

这可见当孔子的时候，"儒"的流品是很杂的，有君子的儒，也有小人的儒。向来的人多蔽于成见，不能推想这句话的涵义。若依章太炎的说法，当孔子以前已有那些广义的儒，这句话就很明白了。

但太炎先生的说法，现在看来，也还有可以修正补充之处。他的最大弱点在于那"类名"的儒（其实那术士通称的"儒"才是类名）。他在那最广义的儒之下，另立一类"六艺之人"的儒。此说的根据只有《周礼》的两条郑玄注。无论《周礼》是否可信，《周礼》本文只是一句"儒以道得民"和一句"联师儒"，这里并没有儒字的定义。郑玄注里说儒是"有六艺以教民者"，这只是一个东汉晚年的学者的说法，我们不能因此就相信古代（周初）真有那专习六艺的儒。何况《周礼》本身就很可疑呢？

太炎先生说"儒之名于古通为术士"，此说自无可疑。但他所引证都是秦汉的材料，还不曾说明这个广义的儒究竟起于什么时代，他们的来历是什么，他们的生活是怎样的，他们同那狭义的孔门的儒有何历史的关系，他们同春秋战国之间的许多思想潮流又有何历史的关系。在这些问题上，我们不免都感觉不满足。

若如太炎先生的说法，广义的儒变到狭义的儒，只是因为"周之衰，保氏失其守"，故书、算、射、御都不从儒者传授出来，而孔子也只好"自诡鄙事，言君子不多能，为当世名士显人隐讳"。这种说法，很难使我们满意。如果《周礼》本不可信，如果"保氏"之官本来就是一种乌托邦的制度，这种历史的解释就完全站不住了。

太炎先生又有《原道》三篇，其上篇之末有注语云：

> 儒家、法家皆出于道，道则非出于儒也。

若依此说，儒家不过是道家的一个分派，那么，"儒"还够不上一个"类名"，更够不上"达名"了。若说这里的"儒"只是那狭义的私名的儒，那么，那个做儒法的共同源头的"道"和那最广义的"儒"可有什么历史关系没有呢？太炎先生说，"儒法者流，削小老氏以为省"（《原道上》），他的证据只有一句话：

> 孔父受业于征藏史，韩非传其书。（《原道上》）

姑且假定这个渊源可信，我们也还要问：那位征藏史（老聃）同那广义的"儒"又有什么历史关系没有呢？

为要补充引申章先生的说法，我现今提出这篇尝试的研究。

二、论儒是殷民族的教士

"儒"的名称，最初见于《论语》孔子说的：

女为君子儒，毋为小人儒。

我在上文已说过，这句话使我们明白当孔子时已有很多的儒，有君子，有小人，流品已很杂了。我们要研究这些儒是什么样的人。

我们先看看"儒"字的古义。《说文》："儒，柔也，术士之称。从人，需声。"术士是有方术的人；但为什么"儒"字有"柔"的意义呢？"需"字古与"耎"相通；《广雅·释诂》："耎，弱也。"耎即是今"輭"字，也写作"软"字。"需"字也有柔软之意；《考工记》："革，欲其荼白而疾浣之，则坚；欲其柔滑而腼脂之，则需。"郑注云："故书，需作𦂶。郑司农云，𦂶读为柔需之需，谓厚脂之韦革柔需。"《考工记》又云："厚其帤则木坚，薄其帤则需。"此两处，"需"皆与"坚"对举，需即是柔耎之耎。柔软之需，引伸又有迟缓濡滞之意。《周易·彖传》："需，须也。"《杂卦传》："需，不进也。"《周易》"泽上于天"（☰☱）为夬，而"云上于天"（☰☵）为需；夬是已下雨了，故为决断之象，而需是密云未雨，故为迟待疑滞之象。《左传》哀六年："需，事之下也。"又哀十四年："需，事之贼也。"

凡从需之字，大都有柔弱或濡滞之义。"嬬，弱也。""孺，乳子也。""愞，驽弱者也。"（皆见《说文》）孟子有"是何濡滞也"。凡从耎之字，皆有弱义。"偄，弱也"（《说文》）；段玉裁说偄即是愞字。稻之软而黏者为"稬"，即今糯米的糯字。《广雅·释诂》："媆，弱也。"大概古时"需"与"耎"是同一个字，古音同读如弩，或如糯。朱骏声把从耎之字归入"乾"韵，从"需"之字归入"需"韵，似是后起的区别。

"儒"字从需而训柔，似非无故。《墨子·公孟》篇说：

公孟子戴章甫，搢忽，儒服而以见子墨子。

又说：

公孟子曰，君子必古言服，然后仁。

又《非儒》篇说：

儒者曰，君子必古言服，然后仁。

《荀子·儒效》篇说：

逢衣浅带（《韩诗外传》作"博带"），解果其冠……是俗儒者也。

大概最古的儒，有特别的衣冠，其制度出于古代（说详下），而其形式——逢衣，博带，高冠，搢笏——表出一种文弱迂缓的神气，故有"儒"之名。

所以"儒"的第一义是一种穿戴古衣冠、外貌表示文弱迂缓的人。

从古书所记的儒的衣冠上，我们又可以推测到儒的历史的来历。《墨子》书中说当时的"儒"自称他们的衣冠为"古服"。周时所谓"古"，当然是指那被征服的殷朝了。试以"章甫之冠"证之。《士冠礼记》云：

　　章甫，殷道也。

《礼记·儒行》篇记孔子对鲁哀公说：

　　丘少居鲁，衣逢掖之衣；长居宋，冠章甫之冠。丘闻之也：君子之学也博，其服也乡。丘不知儒服。

孔子的祖先是宋人，是殷王室的后裔，所以他临死时还自称为"殷人"（见《檀弓》）。他生在鲁国，生于殷人的家庭，长大时还回到他的故国去住过一个时期（《史记·孔子世家》不记他早年居宋的事。但《儒行篇》所说无作伪之动机，似可信）。他是有历史眼光的人，他懂得当时所谓"儒服"其实不过是他的民族和他的故国的服制。儒服只是殷服，所以他只承认那是他的"乡"服，而不是什么特别的儒服。

从儒服是殷服的线索上，我们可以大胆的推想：最初的儒都是殷人，都是殷的遗民，他们穿戴殷的古衣冠，习行殷的古礼。这是儒的第二个古义。

我们必须明白，殷商的文化的中心虽在今之河南——周之宋卫（卫即殷字，古读殷如衣，郼、韦古音皆如衣，即殷字）——而东部的齐鲁皆是殷文化所被，殷民族所居。《左传》（《晏子春秋》外篇同）昭公二十年，晏婴对齐侯说："昔爽鸠氏始居此地，季荝因之，有逢伯陵因之，蒲姑氏因之。而后太公因之。"依《汉书·地理志》及杜预《左传注》，有逢伯陵是殷初诸侯，蒲姑氏（《汉书》作薄姑氏）是殷周之间的诸侯。鲁也是殷人旧地。《左传》昭公九年，周王使詹桓伯辞于晋曰："……及武王克商，蒲姑、商奄，吾东土也。"孔颖达《正义》引服虔曰："蒲姑，齐也；商奄，鲁也。"又定公四年，卫侯使祝佗私于苌弘曰："……昔武王克商，成王定之。……分鲁公以大路大旂，夏后氏之璜，封父之繁弱（大弓名），殷民六族——条氏、徐氏、萧氏、索氏、长勺氏、尾勺氏，——使帅其宗氏，辑其分族，将其类丑（丑，众也），以法则周公，用即命于周；是使之职事于鲁，以昭周公之明德；分之土田陪敦，祝宗卜史，备物典策，官司彝器，因商奄之民，命以伯禽，而封于少皞之虚。"这可见鲁的地是商奄旧地，而又有新徙来的殷民六族。所以鲁有许多殷人遗俗，如"亳社"之祀，屡见于《春秋》。傅斯年先生前几年作《周东封与殷遗民》一文，证明鲁"为殷遗民之国"。他说：

> 《春秋》及《左传》有所谓"亳社"者，是一件很重要的事。"亳社"屡见于《春秋经》。以那样一个简略的二百四十年间之"断烂朝报"，所记皆是戎祀会盟之大事，而亳社独占一位置，则亳社在鲁之重要可知。且《春秋》记"亳社（《公羊》作蒲社）灾"在哀公四年，去殷商之亡已六百余年（姑据《通鉴外纪》）……亳社犹有作用，是甚可注意之事实。且《左传》所记亳社，有两事尤关重要。哀七年，"以邾子益来，献于亳社。"……邾于殷为东夷，此等献俘，当与宋襄公"用鄫子于次睢

之社，欲以属东夷"一样，周人诒殷鬼而已。又定六年，"阳虎又盟公及三桓于周社，盟国人于亳社。"这真清清楚楚指示我们：鲁之统治者是周人，而鲁之国民是殷人。殷亡六七百年后之情形尚如此！

傅先生此论，我认为是最有见地的论断。

从周初到春秋时代，都是殷文化与周文化对峙而没有完全同化的时代。最初是殷民族仇视那新平定殷朝的西来民族，所以有武庚的事件，在那事件之中，东部的薄姑与商奄都加入合作。《汉书·地理志》说：

> 齐地……汤时有逢公柏陵，殷末有薄姑氏，皆为诸侯，国此地。至周成王时，蒲姑氏与四国共作乱，成王灭之，以封师尚父，是为太公。（《史记·周本纪》也说："东伐淮夷，残奄，迁其君薄姑。"《书序》云："成王既践奄，将迁其君于薄姑。周公告召公，作《将蒲姑》。"但皆无灭蒲姑以封太公的事。）

《史记》的《周本纪》与《齐太公世家》都说太公封于齐是武王时的事，《汉书》明白的抛弃那种旧说，另说太公封齐是在成王时四国乱平之后。现在看来，《汉书》所说，似近于事实。不但太公封齐在四国乱后，伯禽封鲁也应该在周公东征四国之后。"四国"之说，向来不一致：《诗毛传》以管、蔡、商、奄为四国；孔颖达《左传正义》说杜注的"四国"为管、蔡、禄父（武庚）、商奄。《尚书·多方》开端即云：

> 惟五月丁亥，王来自奄，至于宗周。周公曰："王

若曰：猷告尔四国多方：惟尔殷侯尹民……"

此时武庚、管、蔡已灭，然而还用"四国"之名，可见管、蔡、武庚不在"四国"之内。"四国"似是指东方的四个殷旧部，其一为殷本部，其二为商奄（奄有大义，"商奄"犹言"大商"，犹如说"大罗马""大希腊"），其三为薄姑，其四不能确定，也许即是"徐方"。此皆殷文化所被之地。薄姑灭，始有齐国；商奄灭，始有鲁国。而殷本部分为二：其一为宋，承殷之后，为殷文化的直接继承者；其一为卫，封给康叔，是新朝用来监视那残存的宋国的。此外周公还在洛建立了一个成周重镇。

我们现在读《大诰》《多士》《多方》《康诰》《酒诰》《费誓》等篇，我们不能不感觉到当时的最大问题是镇抚殷民的问题。在今文《尚书》二十九篇中，这个问题要占三分之一的篇幅（《书序》百篇之中，有《将蒲姑》，又有《亳姑》）。其问题之严重，可以想见。看现在的零碎材料，我们可以看出两个步骤。第一步是倒殷之后，还立武庚，又承认东部之殷旧国。第二步是武庚四国叛乱之后，周室的领袖决心用武力东征，灭殷四国，建立了太公的齐国、周公的鲁国。同时又在殷虚建立了卫国，在洛建立了新洛邑。然而周室终不能不保留一个宋国，大概还是承认那个殷民问题的严重性，所以不能不在周室宗亲（卫与鲁）、外戚（齐）的包围监视之下保存一个殷民族文化的故国。

所以在周初几百年之间，东部中国的社会形势是一个周民族成了统治阶级，镇压着一个下层被征服被统治的殷民族。傅斯年先生说"鲁之统治者是周人，而鲁之国民是殷人"（引见上文）。这

二、论儒是殷民族的教士

个论断可以适用于东土全部。这形势颇像后世东胡民族征服了中国,也颇像北欧的民族征服了罗马帝国。以文化论,那新起的周民族自然比不上那东方文化久远的殷民族,所以周室的领袖在那开国的时候也不能不尊重那殷商文化。《康诰》最能表示这个态度:

> 王曰,呜呼,封,汝念哉!……往敷求于殷先哲王,用保乂民。汝丕远惟商耇成人,宅心知训。……

同时为政治上谋安定,也不能不随顺着当地人民的文化习惯。《康诰》说:

> 汝陈时臬司,师兹殷罚有伦。……
>
> 汝陈时臬事,罚蔽殷彝,用其义刑义杀。

此可证《左传》定公四年祝佗说的话是合于历史事实的。祝佗说成王分封鲁与卫,"皆启以商政,疆以周索";而他封唐叔于夏虚,则"启以夏政,疆以戎索"(杜注:"皆,鲁卫也。启,开也。居殷故地,因其风俗,开用其政。疆理土地以周法。索,法也。")。但统治者终是统治者,他们自有他们的文化习惯,不屑模仿那被征服的民族的文化。况且新兴的民族看见那老民族的灭亡往往由于文化上有某种不适于生存的坏习惯,所以他们往往看不起被征服民族的风俗。《酒诰》一篇便是好例:

> 王曰,封,我西土……尚克用文王教,不腆于酒,故我至于今,克受殷之命。

这是明白的自夸西土民族的胜利是因为没有堕落的习惯。再看他说:

古人有言曰:"人无于水监,当于民监。"今惟殷坠厥命,我其可不大监抚于时。

这就是说:我们不要学那亡国民族的坏榜样!但最可注意的是《酒诰》的末段对于周的官吏,有犯酒禁的,须用严刑:

汝勿佚,尽执拘以归于周,予其杀。

但殷之旧人可以不必如此严厉办理:

又惟殷之迪诸臣惟工,乃湎于酒,勿庸杀之,姑惟教之。

在这处罚的歧异里,我们可以窥见那统治民族一面轻视又一面放任那被征服民族的心理。

但殷民族在东土有了好几百年的历史,人数是很多的;虽没有政治势力,他们的文化的潜势力是不可侮视的。孔子说过:

周因于殷礼,所损益可知也。

这是几百年后一个有历史眼光的人的估计,可见周朝的统治者虽有"所损益",大体上也还是因袭了殷商的制度文物。这就是说,"殪戎殷"之后,几百年之中,殷商民族文化终久逐渐征服了那人数较少的西土民族。

殷、周两民族的逐渐同化,其中自然有自觉的方式,也有不自觉的方式。不自觉的同化是两种民族文化长期接触的自然结果,一切民族都难逃免,我们不用说他。那自觉的同化,依我们看来,与"儒"的一个阶级或职业很有重大的关系。

在那个天翻地覆的亡国大变之后,昔日的统治阶级沦落作了俘虏,作了奴隶,作了受治的平民,《左传》里祝佗说:

> 分鲁公以……殷民六族——条氏，徐氏，萧氏，索氏，长勺氏，尾勺氏——使帅其宗氏，辑其分族，将其类丑，以法则周公，用即命于周；是使之职事于鲁，以昭周公之明德。分之土田陪敦，祝宗卜史，备物典策，官司彝器。……分康叔以……殷民七族——陶氏，施氏，繁氏，锜氏，樊氏，饥氏，终葵氏。

这是殷商亡国时的惨状的追述，这十几族都有宗氏，都有分族类丑，自然是胜国的贵族了；如今他们都被分给那些新诸侯去"职事"于鲁卫——这就是去做臣仆。那些分封的彝器是战胜者的俘获品，那些"祝宗卜史"是亡国的俘虏。那战胜的统治者吩咐他们道：

> 多士，昔朕来自奄，予大降尔四国民命。我乃明致天罚，移尔遐逖，比事臣我宗，多逊！……今予惟不尔杀……亦惟尔多士攸服奔走臣我多逊，尔乃尚有尔土，尔乃尚宁干止。尔克敬，天惟畀矜尔；尔不克敬，尔不啻不有尔土，予亦致天之罚于尔躬！（《多士》；参看《多方》。）

这是何等严厉的告诫奴虏的训词！这种奴虏的生活是可以想见的了。

但我们知道，希腊的智识分子做了罗马战胜者的奴隶，往往从奴隶里爬出来做他们的主人的书记或家庭教师；北欧的野蛮民族打倒了罗马帝国之后，终于被罗马天主教的长袍教士征服了，倒过来做了他们的徒弟。殷商的智识分子——王朝的贞人，太祝，太史，以及贵族的多士——在那新得政的西周民族之下，过的生活虽然是惨痛的奴虏生活，然而有一件事是殷民族的团结力的中心，也就是他们后来终久征服那战胜者的武器——那就是殷人的宗教。

我们看殷墟（安阳）出土的遗物与文字，可以明白殷人的文化是一种宗教的文化。这个宗教根本上是一种祖先教，祖先的祭祀在他们的宗教里占一个很重要的地位，丧礼也是一个重要部分（详下）。此外，他们似乎极端相信占卜：大事小事都用卜来决定。如果《鸿范》是一部可信的书，那么，占卜之法到了殷商的末期已起了大改变，用龟卜和用兽骨卜之法之外，还有用蓍草的筮法，与卜并用。

这种宗教需用一批有特别训练的人。卜筮需用"卜筮人"，祭祀需用祝官，丧礼需用相礼的专家。在殷商盛时，祝宗卜史自有专家。亡国之后，这些有专门知识的人往往沦为奴虏，或散在民间。因为他们是有专门的知识技能的，故往往能靠他们的专长换得衣食之资。他们在殷人社会里，仍旧受人民的崇敬；而统治的阶级，为了要安定民众，也许还为了他们自己也需要这种有知识技能的人，所以只须那些"多士攸服奔走臣我多逊"，也就不去过分摧残他们。这一些人和他们的子孙，就在那几百年之中，自成了一个特殊阶级。他们不是那新朝的"士"，"士"是一种能执干戈以卫社稷的武士阶级，是新朝统治阶级的下层。他们只是"儒"。他们负背着保存故国文化的遗风，故在那几百年社会骤变、民族混合同化的形势之中，他们独能继续保存殷商的古衣冠——

也许,还继续保存了殷商的古文字言语(上文引的《墨子·公孟篇》与《非儒篇》,都有"古言服"的话。我们现在还不明白殷、周民族在语言文字上有多大的区别)。在他们自己民族的眼里,他们是"殷礼"(殷的宗教文化)的保存者与宣教师。在西周民族的眼里,他们是社会上多材艺的人,是贵族阶级的有用的清客顾问,是多数民众的安慰者。他们虽然不是新朝的"士",但在那成周、宋、卫、齐、鲁诸国的绝大多数的民众之中,他们要算是最高等的一个阶级了。所以他们和"士"阶级最接近,西周统治阶级也就往往用"士"的名称来泛称他们。《多士》篇开端就说:

惟三月,周公初于新邑洛,用告商王士。

王若曰:尔殷遗多士!……

下文又说:

王若曰:尔殷多士!……

王曰:告尔殷多士!……

《多方》篇有一处竟是把"殷多士"特别分开来了:

王曰:呜呼,猷告尔有方多士,暨殷多士。

《大雅·文王》之诗更可以注意。此诗先说周士:

陈锡哉周,侯(维)文王孙子。文王孙子,本支百世。凡周之士,不显亦世。世之不显,厥犹翼翼。思皇多士,生此王国。王国克生,维周之桢。济济多士,文王以宁。

次说殷士:

商之孙子,其丽不亿。上帝既命,侯(维)于周服。侯服于周，天命靡常。

殷士肤敏，祼将于京。厥作祼将，常服黼哻。王之荩臣，无念尔祖。

前面说的是新朝的士，是"文王孙子，本支百世"；后面说的是亡国的士，是臣服于周的殷士。看那些漂亮的，手腕敏捷的殷士，在那王朝大祭礼里，穿戴着殷人的黼哻（《士冠礼记》："周弁，殷哻，夏收。"），捧着鬯酒，替主人送酒灌尸。这真是一幕"青衣行酒"的亡国惨剧了！（《毛传》以"殷士"为"殷侯"，殊无根据。《士冠礼记》所谓"殷哻"，自是士冠。）

大概周士是统治阶级的最下层，而殷士是受治遗民的最上层。一般普通殷民，自然仍旧过他们的农工商的生活，如《多方》说的"宅尔宅，畋尔田"。《左传》昭十六年郑国子产说，"昔我先君桓公与商人皆出自周，庸次比偶，以艾杀此地，斩之蓬蒿藜藋，而共处之。世有盟誓，以相信也，曰：'尔无我叛，我无强贾，毋或匄夺；尔有利市宝贿，我勿与知。'恃此质誓，故能相保，以至于今。"徐中舒先生曾根据此段文字，说："此'商人'即殷人之后而为商贾者。"又说："商贾之名，疑即由殷人而起。"（《国学论丛》一卷一号，页一一一。）此说似甚有理。"商"之名起于殷贾，正如"儒"之名起于殷士。此种遗民的士，古服古言，自成一个特殊阶级；他们那种长袍大帽的酸样子，又都是彬彬知礼的亡国遗民，习惯了"犯而不校"的不抵抗主义，所以得着了"儒"的浑名。儒是柔懦之人，不但指那逢衣博带的文绉绉的样子，还指那亡国遗民忍辱负重的柔道人生观。（傅斯年先生疑心

"儒"是古代一个阶级的类名，亡国之后始沦为寒士，渐渐得着柔懦的意义。此说亦有理，但此时尚未有历史证据可以证明"儒"为古阶级。）

柔逊为殷人在亡国状态下养成的一种遗风，与基督教不抵抗的训条出于亡国的犹太民族的哲人耶稣，似有同样的历史原因。《左传》昭公七年所记孔子的远祖正考父的鼎铭，虽然是宋国的三朝佐命大臣的话，已是很可惊异的柔道的人生观了。正考父曾"佐戴、武、宣"三朝，据《史记·十二诸侯年表》，宋戴公元年当周宣王二十九年（前 799），武公元年当平王六年（前 765），宣公元年当平王二十四年（前 747）。他是西历前八世纪前半的人，离周初已有三百多年了。他的鼎铭说：

一命而偻，再命而伛，三命而俯，循墙而走，亦莫余敢侮。饘于是，鬻于是，以糊余口。

这是殷民族的一个伟大领袖的教训。儒之古训为柔，岂是偶然的吗？

不但柔道的人生观是殷士的遗风，儒的宗教也全是"殷礼"。试举三年之丧的制度作一个重要的例证。十九年前，我曾说三年之丧是儒家所创，并非古礼，当时我曾举三证：

（1）《墨子·非儒》篇说儒者之礼曰："丧父母三年。……"此明说三年之丧是儒者之礼。

（2）《论语》记宰我说三年之丧太久了，一年已够了。孔子弟子中尚有人不认此制合礼，可见此非当时通行之俗。

（3）孟子劝滕世子行三年之丧，滕国的父兄百官皆不愿意，说道："吾宗国鲁先君莫之行，吾先君亦莫之行也。"鲁为周公之国，尚不曾行过三年之丧。（《中国哲学史大纲》上，页一三二）

我在五六年前还信此说，所以在《三年丧服的逐渐推行》（武汉大学文哲季刊》第一卷二号）一篇里，我还说"三年之丧只是儒家的创制"。我那个看法，有一个大漏洞，就是不能解释孔子对宰我说的"夫三年之丧，天下之通丧也"。

如果孔子不说谎，那就是滕国父兄百官扯谎了。如果"鲁先君莫之行"，如果滕国"先君亦莫之行"，那么，孔子如何可说这是"天下之通丧"呢？难道是孔子扯了谎来传教吗？

傅斯年先生前几年作《周东封与殷遗民》，他替我解决了这个矛盾。他说：

> 孔子之"天下"，大约即是齐、鲁、宋、卫，不能甚大。……三年之丧，在东国、在民间，有相当之通行性，盖殷之遗礼，而非周之制度。当时的"君子（即统治者）三年不为礼，礼必坏；三年不为乐，乐必崩"，而士及其相近之阶级则渊源有自，"齐以殷政"者也。试看关于大孝，三年之丧，及丧后三年不做事之代表人物，如太甲、高宗、孝己，皆是殷人。而"君薨，百官总己以听于冢宰者三年"，全不见于周人之记载。

傅先生的说法，我完全可以接受，因为他的确解答了我的困难。我从前说的话，有一部分是不错的，因为三年之丧确是"儒"的礼；但我因为滕鲁先君不行三年丧制，就不信"天下之通丧"之说，就以为是儒家的创制，而不是古礼，那就错了。傅先生之说，一面可以相信滕鲁的统治阶级不曾行此礼，一面又可以说明此制行于那绝大多数的民众之中，说它是"天下之通丧"也不算是过分的宣传。

我可以替傅先生添一些证据。鲁僖公死在他的三十三年十一月乙巳（十二日），次年（文公元年）夏四月葬僖公，又次年（文公二年）冬"公子遂如齐纳币"，为文公聘妇。《左传》说，"礼也。"《公羊传》说，"讥丧娶也。娶在三年之外，则何讥乎丧娶？三年之内不图昏。"此可证鲁侯不行三年丧。此一事，《左传》认为"礼也"，杜预解说道："僖公丧终此年十一月，则纳币在十二月也。"然而文公死于十八年二月，次年正月"公子遂如齐逆女；三月，遂以夫人妇姜至自齐"。杜预注云："不讥丧娶者，不待贬责而自明也！"此更是鲁侯不行三年丧的铁证了。《左传》昭公十五年：

六月乙丑，王太子寿卒。

秋八月戊寅，王穆后崩。

十二月，晋荀跞如周葬穆后。籍谈为介。既葬，除丧，以文伯（荀跞）宴，樽以鲁壶。王曰："伯氏，诸侯皆有以镇抚王室，晋独无有，何也？"……籍谈归，以告叔向，叔向曰："王其不终乎？吾闻之，所乐必卒焉。今王乐忧。……王一岁而有三年之丧二焉。（杜注："天子绝期，唯服三年，故后虽期，通谓之三年。"）于是乎以

> 丧宾宴，又求彝器，乐忧甚矣。……三年之丧，虽贵遂
> 服，礼也。王虽弗遂，宴乐以早，亦非礼也。"

这可证周王朝也不行三年丧制。《孟子》所记滕国父兄百官的话可算是已证实了。

周王朝不行此礼，鲁滕诸国也不行此礼，而孔子偏大胆的说，"三年之丧，天下之通丧也。"《论语》记子张问："书云，'高宗谅阴，三年不言。'何谓也？"孔子直对他说："何必高宗？古之人皆然。君薨，百官总己以听于冢宰，三年。"《檀弓》有这样一段：

> 子张之丧，公明仪为志焉。褚幕，丹质，蚁结于四
> 隅，殷士也。

孔子、子张都是殷人，在他们的眼里嘴里，"天下"只是那大多数的殷商民众，"古之人"也只是殷商的先王。这是他们的民族心理的自然表现，其中自然也不免带一点殷人自尊其宗教礼法的宣传意味。到了孟子，他竟说三年丧是"自天子达于庶人，三代共之"的了。到《礼记·三年问》的作者，他竟说三年丧是"百王之所同，古今之所壹也，未有知其所由来者也！"果然，越到了后来，越"未有知其所由来者也"，直到傅斯年先生方才揭破了这一个历史的谜！

三年之丧是"儒"的丧礼，但不是他们的创制，只是殷民族的丧礼——正如儒衣儒冠不是他们的创制，只是殷民族的乡服。《孟子》记滕国的父兄百官反对三年之丧时，他们说：

> 且志曰："丧祭从先祖，曰吾有所受之也。"

这句话当然是古政治家息事宁人的绝好原则,最可以解释当时殷周民族各自有其丧祭制度的政治背景。统治阶级自有其周社,一般"国人"自有其亳社;前者自行其"既葬除服"的丧制,后者自行其"天下之通丧"。

三、论儒之生活

我们现在要看看"儒"的生活是怎样的。

孔子以前,儒的生活是怎样的,我们无从知道了。但我疑心《周易》的"需"卦,似乎可以给我们一点线索。儒字从需,我疑心最初只有一个"需"字,后来始有从人的"儒"字。需卦之象为云上于天,为密云不雨之象,故有"需待"之意。(《象传》:需,须也。)《象传》说此卦象为"君子以饮食宴乐"。《序卦传》说:"需者,饮食之道也。"《彖传》说:

  需,须也,险在前也。刚健而不陷,其义不困穷矣。

程颐《易传》说此节云:

  以险在于前,未可遽进,故需待而行也。以乾之刚健,而能需待不轻动,故不陷于险,其义不至于困穷也。

这个卦好像是说一个受压迫的人,不能前进,只能待时而动,以免陷于危险;当他需待之时,别的事不能做,最好是自饷其口,故需为饮食之道。这就很像殷商民族亡国后的"儒"了。这一卦的六爻是这样的:

  初九,需于郊,利用恒,无咎。

《象》曰:"需于郊",不犯难行也。"利用恒,无咎",未失常也。

九二,需于沙,小有言,终吉。

《象》曰:"需于沙",衍(愆)在中也。虽"小有言",以吉终也。

九三,需于泥,致寇至。

《象》曰:"需于泥",灾在外也。自我"致寇",敬慎不败也。

六四,需于血,出自穴。

《象》曰:"需于血",顺以听也。

九五,需于酒食,贞吉。

《象》曰:"酒食贞吉",以中正也。

上六,入于穴,有不速之客三人来,敬之,终吉。

《象》曰:"不速之客来,敬之,终吉",虽不当位,未大失也。

这里的"需",都可作一种人解;此种人的地位是很困难的,是有"险在前"的,是必须"刚健而不陷"的。儒在郊,完全是在野的失势之人,必须忍耐自守,可以无咎;儒在沙,是自己站不稳的,所以说"衍(愆)在中也";儒在泥,是陷在危险困难里了,有了外侮,只有敬慎,可以不败;儒在血,是冲突之象,他无力和人争,只好柔顺的出穴让人,故《象传》说为"顺以听也";儒在酒食,是有饭吃了,是他最适宜的地位,他回到穴里去,也还有麻烦,他还得用敬慎的态度去应付。——"需"是"须待"之象，他必须能忍耐待时；时候到了，人家"须待"他了，彼此相"需"了，他就有饭吃了。

《周易》制作的时代，已不可考了。《系辞传》有两处试提出作《易》年代的推测，一处说：

> 《易》之兴也，其当殷之末世，周之盛德邪？当文王与纣之事邪？是故其辞危。危者使平，易者使倾。其道甚大，百物不废，惧以终始，其要无咎。此之谓《易》之道也。

又一处说：

> 《易》之兴也，其于中古乎？作《易》者其有忧患乎？是故"履"，德之基也；"谦"，德之柄也；"复"，德之本也；"恒"，德之固也；"损"，德之修也；"益"，德之裕也；"困"，德之辨也；"井"，德之地也；"巽"，德之制也。"履"和而至，"谦"尊而光，"复"小而辨于物，"恒"杂而不厌，"损"先难而后易，"益"长裕而不设，"困"穷而通，"井"居其所而不迁，"巽"称而隐。"履"以和行，"谦"以制礼，"复"以自知，"恒"以一德，"损"以远害，"益"以兴利，"困"以寡怨，"井"以辨义，"巽"以行权。

《易》卦爻辞已有"箕子之明夷"（《明夷》五爻），"王用享于岐山"（《升》四爻）的话，似乎不会是"文王与纣"的时代的作品。"文王囚居羑里而作《易》"的说法也是更后起之说。《系辞》还是猜度的口气，可见得《系辞》以前尚没有文王作《易》

三、论儒之生活

的说法。《系辞》的推测作《易》年代，完全是根据于《易》的内容的一种很明显的人生观，就是"其辞危""惧以终始，其要无咎"。从第一卦的"君子终日乾乾夕惕若厉，无咎"，到第六十四卦的"有孚于饮酒，无咎"，全书处处表现一种忧危的人生观，教人戒惧修德，教人谦卑巽顺，其要归在于求"无咎"，在于"履虎尾不咥人"。《系辞》的作者认清了这一点，所以推测"作《易》者其有忧患乎？"这个观察是很有见地的。我们从这一点上也可以推测《易》的卦爻辞的制作大概在殷亡之后，殷民族受周民族的压迫最甚的一二百年中。书中称"帝乙归妹"（《泰》五爻），"高宗伐鬼方，三年克之"，更可见作者是殷人。所谓《周易》，原来是殷民族的卜筮书的一种。经过了一个不短的时期，方才成为一部比较最通用的筮书。《易》的六十四卦，每卦取自然界或人事界的一个现象为题，其中无甚深奥的哲理，而有一些生活常识的观察。"需"卦所说似是指一个受压迫的智识阶级，处在忧患险难的环境，待时而动，谋一个饮食之道。这就是"儒"。（"蒙"卦的初爻说："发蒙，利用刑人，用说〔脱〕桎梏，以往吝。"这里说的也很像希腊的俘虏在罗马贵族家里替他的主人教儿子的情形。）

孔子的时候，有"君子儒"，也有"小人儒"。我们先说"小人儒"的生活是怎样的。

《墨子·非儒》篇有一段描写当时的儒：

> 夫（夫即彼）繁饰礼乐以淫人，久丧伪哀以谩亲；立命缓贫而高浩居（毕沅据《孔子世家》。解浩居为傲

倨），倍本弃事而安怠傲。贪于饮食，惰于作务，陷于饥寒，危于冻馁，无以违（避）之。是若人气，鼅鼠藏，而羝羊视，贲彘起（贲即奔字）。君子笑之，怒曰："散人焉知良儒！"

夫（彼）□□□□（孙诒让校，此处疑脱"春乞□□"四字），夏乞麦禾。五谷既收，大丧是随，子姓皆从，得厌饮食。毕治数丧，足以至□矣。因人之家翠（财）以为□，恃人之野以为尊。富人有丧，乃大说喜曰："此衣食之端也！"

这虽然是一个反儒的宗派说的话，却也有儒家自己的旁证。《荀子·儒效篇》说：

逢衣浅（《韩诗外传》作博）带，解果其冠（杨倞注引《说苑》淳于髡述"邻圃之祠田，祝曰，蟹螺者宜禾，污邪者百车。""蟹螺盖高地也，今冠盖亦比之。"），略法先王而足乱世术；缪学杂举，不知法后王而壹制度，不知隆礼义而杀诗书。……呼先王以欺愚者，而求衣食焉。得委积足以掩其口，则扬扬如也。随其长子，事其使辟，举（王念孙云：举读为相与之与）其上客，倚然若终身之虏而不敢有他志。——是俗儒者也。

用战国晚期荀卿的话来比较墨子的话，我们可以相信，在春秋时期与战国时期之间，已有这种俗儒，大概就是孔子说的"小人儒"。

从这种描写上，我们可以看出他们的生活有几个要点。第一，他们是很贫穷的，往往"陷于饥寒，危于冻馁"；这是因为他们不务农，不作务，是一种不耕而食的寄生阶级。第二，他们颇受人轻视与嘲笑，因为他们的衣食须靠别人供给；然而他们自己倒还有一种倨傲的遗风，"立命，缓贫，而高浩居"，虽然贫穷，还不肯抛弃他们的寄食——甚至于乞食——的生活。第三，他们也有他们的职业，那是一种宗教的职业：他们熟悉礼乐，人家有丧祭大事，都得请教他们。因为人们必须请他们治丧相礼，所以他们虽然贫穷，却有相当崇高的社会地位。骂他们的可以说他们"因人之野以为尊"；他们自己却可以说是靠他们的知识做"衣食之端"。第四，他们自己是实行"久丧"之制的，而他们最重要的谋生技能是替人家"治丧"。他们正是那殷民族的祖先教的教士，这是儒的本业。

从这种"小人儒"的生活里，我们更可以明白"儒"的古义：儒是殷民族的教士，靠他们的宗教知识为衣食之端。

其实一切儒，无论君子儒与小人儒，品格尽管有高低，生活的路子是一样的。他们都靠他们的礼教的知识为衣食之端，他们都是殷民族的祖先教的教士，行的是殷礼，穿的是殷衣冠。在那殷周民族杂居已六七百年，文化的隔离已渐渐泯灭的时期，他们不仅仅是殷民族的教士，竟渐渐成了殷周民族共同需要的教师了。

《左传》昭公七年记孟僖子自恨不能相礼，"乃讲学之。苟能礼者，从之。"《左传》又说，孟僖子将死时，遗命要他的两个儿子何忌与说去跟着孔子"学礼焉以定其位"。孔子的职业是一个教师，他说：

> 自行束脩以上，吾未尝无诲焉。

束脩是十脡脯，是一种最薄的礼物。《檀弓》有"古之大夫，束脩之问不出竟"的话，可证束脩是赠礼。孔子有"博学""知礼"的名誉，又有"学而不厌，诲人不倦"的精神，故相传他的弟子有三千之多。这就是他的职业了。

孔子也很注重丧祭之礼，他作中都宰时，曾定制用四寸之棺，五寸之椁（见《檀弓》有若的话）。他承认三年之丧为"天下之通丧"，又建立三年之丧的理论，说这是因为"子生三年然后免于父母之怀"（《论语》十七）。这都可表示他是殷民族的宗教的辩护者，正是"儒"的本色。《檀弓》记他临死之前七日，对他的弟子子贡说：

> 夏后氏殡于东阶之上，则犹在阼也。殷人殡于两楹之间，则与宾主夹之也。周人殡于西阶之上，则犹宾之也。而丘也，殷人也，予畴昔之夜，梦坐奠于两楹之间。夫明王不兴，而天下其孰能宗予？予殆将死也？

看他的口气，他不但自己临死还自认是殷人，并且还有"天下宗予"的教主思想。（看下章）

他和他的大弟子的生活，都是靠授徒与相礼两种职业。大概当时的礼俗，凡有丧事，必须请相礼的专家。《檀弓》说：

> 杜桥之母之丧，宫中无相，君子以为沽也。（《七经考文》引古本足利本，有"君子"二字，他本皆无。）

"沽"是寒贱之意。当时周民族已与殷民族杂居了六百年，同化的程度已很深了,所以鲁国的大夫士族也传染到了注重丧礼的风气。有大丧的人家,孝子是应该"昏迷不复自知礼"了,所以必须有专家相导,这正是儒的"衣食之端"。杜桥之母之丧,竟不用"相",就被当时的"君子"讥为寒伧了。

孔子为人相丧礼,见于《檀弓》(参看下文第六章引《曾子问》记孔子"从老聃助葬"):

> 国昭子之母死,问于子张曰:"葬及墓,男子妇人安位?"子张曰:"司徒敬子之丧,夫子相,男子西乡,妇人东乡。"

据《檀弓》,司徒敬子是卫国大夫。孔子在卫国,还为人相丧礼,我们可以推想他在鲁国也常有为人家相丧礼的事。(适按,伪书《家语》也采孔子相司徒敬子之丧的故事。)《檀弓》说:

> 孔子之故人曰原壤,其母死,夫子助之沐椁。原壤登木曰:"久矣予之不托于音也。"歌曰:
>
> 狸首之斑然,
>
> 执女手之卷然。
>
> 夫子为弗闻也者而过之。从者曰:"子未可以已乎?"夫子曰:"丘闻之,亲者毋失其为亲也,故者毋失其为故也。"

这一个不守礼法的朋友好像不很欢迎孔二先生的帮忙;但他顾念故人,还要去帮他治椁。

他的弟子为人家相礼,《檀弓》记载最多。上文引的国昭子家的母丧,即是子张为相。《檀弓》说:

> 有若之丧，悼公吊焉。子游摈，由左。

摈即是相。又说：

> 子蒲卒，哭者呼"灭"！子皋曰："若是野哉"！哭者改之。

这似是因为子皋相礼，所以他纠正主人之失。《檀弓》又记：

> 孔子之丧，公西赤为志焉。饰棺墙，置翣，设披，周也。设崇，殷也。绸练设旐，夏也。

> 子张之丧，公明仪为志焉。褚幕丹质，蚁结于四隅，殷士也。

按《士丧礼》的《既夕礼》，饰柩，设披，都用"商祝"为之。可见公西赤与公明仪为"志"，乃是执行《士丧礼》所说的"商祝"的职务（郑玄注，"志谓章识"。当参考《既夕礼》，可见郑注不确）。从此点上，可以推知当时的"儒"不但是"殷士"，其实又都是"商祝"。《墨子·非儒》篇写那些儒者靠为人治丧为衣食之端，此点必须和《檀弓》与《士丧礼》《既夕礼》合并起来看，我们方才可以明白。《士丧礼》与《既夕礼》（即《士丧礼》的下篇）使我们知道当时的丧礼须用"祝"，其职务最繁重。《士丧礼》二篇中明说用"商祝"凡十次，用"夏祝"凡五次，泛称"祝"凡二十二次。旧注以为泛称"祝"者都是"周祝"，其说甚无根据。细考此两篇，绝无用周祝之处；其泛称"祝"之处，有一处确指"夏祝"（"祝受巾巾之"），有两处确指"商祝"（"祝又受米，奠于贝北"；又下篇"祝降，与夏祝交于阶下"）。其他不明说夏与商之处，大概都是指"商祝"，因为此种士丧礼虽然偶有杂用夏、周礼俗之处，其根本的礼节仍是殷礼，故相礼的祝人当然以殷人为主。明白了当时丧礼里"商祝"的重要，我们才可以明白《檀弓》所记丧家的"相"，不仅是宾来吊时的"摈者"（《士丧礼》另有"摈者"），也不仅是指导礼节的顾问。其实还有那最繁重的"祝"的职务。因为这种职务最繁重，所以那些儒者可以靠此为"衣食之端"。

在《檀弓》里，我们已可以看见当孔子的大弟子的时代，丧礼已有了不少的争论。

（1）小敛之奠，子游曰："于东方。"曾子曰："于西方。"

（2）卫司徒敬子死，子夏吊焉，主人未小敛，绖而往。子游吊焉，主人既小敛，子游出，绖而反哭。子夏曰："闻之也欤？"曰："闻诸夫子：主人未改服，则不绖。"

（3）曾子袭裘而吊，子游裼裘而吊。曾子指子游而示人曰："夫夫也，为习于礼者，如之何其裼裘而吊也！"主人既小敛，袒，括发，子游趋而出，袭裘带绖而入。曾子曰："我过矣，我过矣；夫夫是也。"

（4）曾子吊于负夏，主人既祖，填池（郑注，填池当为奠彻，声之误也），推柩而反之，降妇人而后行礼。从者曰，"礼与？"曾子曰："夫祖者，且也。且，胡为其不可以反宿也？"从者又问诸子游曰："礼与？"子游曰："饭于牖下，小敛于户内，大敛于阼，殡于客位，祖于庭，葬于墓，所以即远也。故丧事有进而无退。"

（5）公叔木有同母异父之昆弟死，问于子游，子游曰："其大功乎？"狄仪有同母异父之昆弟死，问于子夏，子夏曰："我未之前闻也。鲁人则为之齐衰。"狄仪行齐衰，今之齐衰，狄仪之问也。

我们读了这些争论，真不能不起"累寿不能尽其学，当年不能行其礼"的感想。我们同时又感觉这种仪节上的斤斤计较，颇不像孔子的学风。孔子自己是能了解"礼之本"的，他曾说：

礼，与其奢也，宁俭；丧，与其易也，宁戚。（"易"字旧说纷纷，朱子根据《孟子》"易其田畴"一句，训易为治，谓"节文习熟"。）

《论语》的记者似乎没有完全了解这两句话，所以文字不大清楚。但一位心粗胆大的子路却听懂了，他说：

吾闻诸夫子：丧礼，与其哀不足而礼有余也，不若礼不足而哀有余也；祭礼，与其敬不足而礼有余也，不若礼不足而敬有余也。（《檀弓》）

这才是孔子答林放问的"礼之本"。还有一位"堂堂乎"的子张也听懂了，他说：

士见危授命，见得思义，祭思敬，丧思哀，其可已矣。（《论语》十九）

"祭思敬，丧思哀"，也就是"礼之本"。

我们看孔子对子路说："啜菽饮水尽其欢，斯之谓孝；敛手足形，还葬而无椁，称其财，斯之谓礼。"（《檀弓》，同书里，孔子答子游问丧具，与此节同意。）又看他在卫国时，遇旧馆人之丧,"一哀而出涕",就"脱骖而赙之"——这都可见他老人家是能见其大的,不是拘泥仪文小节的。最可玩味的是《檀弓》记的这一件故事:

> 孔子在卫（也是一个殷文化的中心）,有送葬者,而夫子观之,曰:"善哉!足以为法矣。……其往也如慕,其反也如疑。"子贡曰:"岂若速反而虞乎?"（既葬,"迎精而反,日中祭之于殡宫,以安之"为虞祭。）子曰:"小子识之,我未之能行也。"

孔子叹赏那人的态度,而他的弟子只能计较仪节的形式。所以他那些大弟子,都是"习于礼者",只能在那些达官富人的丧事里,指手画脚的评量礼节,较量袭裘与裼裘的得失,辩论小敛之奠应在东方或在西方。《檀弓》所记,已够使人厌倦,使人失望,使人感觉孔子的门风真是及身而绝了!

我们读了这种记载,可以想像那些儒者的背景。孔子和这班大弟子本来都是殷儒商祝,孔子只是那个职业里出来的一个有远见的领袖,而他的弟子仍多是那个治丧相礼的职业中人,他们是不能完全跳出那种"因人之野以为尊"的风气之外的。孔子尽管教训他们:

> 女为君子儒,毋为小人儒。

但"君子""小人"的界限是很难划分的。他们既须靠治丧相礼为"衣食之端",就往往不能讲气节了。如齐国国昭子之母之丧,他问子张:

> 丧及墓,男子妇人安位?

子张说：

　　司徒敬子之丧，夫子相，男子西乡，妇人东乡。

可是主人不赞成这个办法，他说：

　　噫，毋曰我丧也斯沾。（此句郑玄读："噫，毋！曰我丧也斯沾。"说曰："噫，不寤之声。毋者，禁止之辞。斯，尽也。沾读曰觇，觇，视也。国昭子自谓齐之大家，有事人尽视之。"陈澔从郑说。郝敬与姚际恒读"我丧也斯沾尔专之"为一句，释"沾尔"为沾沾尔，见杭大宗《续礼记集说》。我不能赞成旧说，改拟如此读法。他好像是说："噫，别叫人说咱家的丧事那么贫样！"沾当是"沽"的小误。《檀弓》说："杜桥之母之丧，宫中无相，君子以为沽也。"）尔专之。宾为宾焉，主为主焉。妇人从男子，皆西乡。

主人要那么办，"夫子"的大帽子也压不住，那位"堂堂乎张也"也就没有法子，只好依着他去做了。其实这班大儒自己也实在有招人轻侮之道。《檀弓》又记着一件很有趣的故事：

　　季孙之母死，哀公吊焉。曾子与子贡吊焉。阍人为君在，弗内也。曾子与子贡入于其厩而修容焉。子贡先入，阍人曰："乡者已告矣。"曾子后入，阍人辟之。涉内霤，卿大夫皆辟位，公降一等而揖之。——君子言之曰："尽饰之道，斯其行者远矣。"

季孙为当时鲁国的最有权力的人，他的母丧真可说是"大丧"了。这两位大儒巴巴的赶来，不料因国君在内，阍人不让他们进去,他们就进季孙的马厩里去修容。子贡修饰好了,还瞒不过阍人,不得进去;曾子装饰得更好,阍人不敢拦他,居然混进去了。里面的国君与大夫,看见此时有吊客进来,料想必是尊客,都起来致敬,国君还降一等揖客。谁想这不过是两位改装的儒者赶来帮主人治丧相礼的呵!我们看了这种圣门的记载,再回想《墨子·非儒篇》描写的"五谷既收,大丧是随,子姓皆从,得厌饮食""富人有丧,乃大说喜"的情形,我们真不能不感觉到"君子儒"与"小人儒"的区别是很微细的了!(适补:《先进篇》"赤尔何如"一段,赤所谓"端章甫,愿为小相焉",也是"相礼"之一例。《乡党篇》有"君君使摈"一章,也是相礼之一例。)

以上记"儒"的生活,我们只用那些我们认为最可信的史料。有意毁谤儒者,而描写不近情理的材料,如《庄子》记"大儒以诗礼发冢"的文字,我们不愿意引用。如果还有人觉得我在上文描写"儒"的生活有点近于有心毁谤孔门圣贤,那么,我只好请他平心静气想想孔子自己说他的生活:

> 出则事公卿,入则事父兄;丧事不敢不勉,不为酒困,——何有于我哉?(《论语》九)

在这里,我们可以看见一个"儒"的生活的概略。纵酒是殷民族的恶习惯(参看前章引《酒诰》一段),《论语》里写孔子"不为酒困""唯酒无量,不及乱",还可见酗酒在当时还是一个社会问题。"丧事不敢不勉",是"儒"的职业生活。"出则事公卿",也是那个不学稼圃的寄生阶级的一方面。

四、论"五百年必有王者兴"的预言

在前三章里,我们说明了"儒"的来历。儒是殷民族的礼教的教士,他们在很困难的政治状态之下,继续保存着殷人的宗教典礼,继续穿戴着殷人的衣冠。他们是殷人的教士,在六七百年中渐渐变成了绝大多数人民的教师。他们的职业还是治丧,相礼,教学;但他们的礼教已渐渐行到统治阶级里了,他们的来学弟子,已有周鲁公族的子弟了(如孟孙何忌、南宫适);向他们问礼的,不但有各国的权臣,还有齐鲁卫的国君了。

这才是那个广义的"儒"。儒是一个古宗教的教师,治丧相礼之外,他们还要做其他的宗教职务。《论语》记孔子的生活,有一条说:

> 乡人傩,(孔子)朝服而立于阼阶。

傩是赶鬼的仪式。《檀弓》说:

> 岁旱,穆公召县子而问焉,曰:"天久不雨,吾欲暴尪而奚若?"曰:"天久不雨而暴人之疾子,毋乃不可与?""然则吾欲暴巫而奚若?"曰:"天则不雨而望之愚妇人,于以求之,毋乃已疏乎?""徙市则奚

若？"曰："天子崩，巷市七日。诸侯薨，巷市三日。为之徙市，不亦可乎？"

县子见于《檀弓》凡六次，有一次他批评子游道："汰哉叔氏，专以礼许人！"这可见县子大概也是孔子的一个大弟子（《史记·仲尼弟子传》有县成，字子祺。《檀弓》称县子琐）。天久不雨，国君也得请教于儒者。这可见当时的儒者是各种方面的教师与顾问。丧礼是他们的专门，乐舞是他们的长技，教学是他们的职业，而乡人打鬼、国君求雨，他们也都有事——他们真得要无所不知无所不能的了。《论语》记达巷党人称孔子"博学而无所成名"，孔子对他的弟子说：

吾何执？执御乎？执射乎？吾执御矣。

《论语》又记：

大宰问于子贡曰："夫子圣者欤？何其多能也？"子贡曰："固天纵之将圣，又多能也。"子闻之曰："大宰知我乎？吾少也贱，故多能鄙事。君子多乎哉？不多也。"

儒的职业需要博学多能，故广义的"儒"为术士的通称。但这个广义的、来源甚古的"儒"，怎样变成了孔门学者的私名呢？这固然是孔子个人的伟大成绩，其中也有很重要的历史的原因。孔子是儒的中兴领袖，而不是儒教的创始者。儒教的伸展是殷亡以后五六百年的一个伟大的历史趋势；孔子只是这个历史趋势的最伟大的代表者，他的成绩也只是这个五六百年的历史运动的一个庄严灿烂的成功。

这个历史运动是殷遗民的民族运动。殷商亡国之后,在那几百年中,人数是众多的,潜势力是很广大的,文化是继续存在的。但政治的势力都全在战胜的民族的手里,殷民族的政治中心只有一个包围在"诸姬"的重围里的宋国。宋国的处境是很困难的;我们看那前八世纪宋国一位三朝佐命的正考父的鼎铭:"一命而偻,再命而伛,三命而俯,循墙而走",这是何等的柔逊谦卑!宋国所以能久存,也许是靠这种相传的柔道。周室东迁以后,东方多事,宋国渐渐抬头。到了前七世纪的中叶,齐桓公死后,齐国大乱,宋襄公邀诸侯的兵伐齐,纳齐孝公。这一件事成功(前642)之后,宋襄公就有了政治的大欲望,他想继承齐桓公之后作中国的盟主。他把滕子、婴齐捉了;又叫邾人把鄫子捉了,用鄫子来祭次睢之社,"欲以属东夷"。用人祭社,似是殷商旧俗。《左传》昭公十年,"季平子伐莒,取郠,献俘,始用人于亳社。"这样恢复一个野蛮的旧俗,都有取悦于民众的意思。宋襄公眼光注射在东方的殷商旧土,所以要恢复一个殷商宗教的陋俗来巴结东方民众。那时东方无霸国,无人与宋争长;他所虑者只有南方的楚国。果然,在盂之会,楚人捉了宋襄公去,后来又放了他。他还不觉悟,还想立武功,定霸业。泓之战(前638),楚人大败宋兵,宋襄公伤股,几乎做了第二次的俘虏。当泓之战之前,大司马固谏(大司马是公子目夷,即子鱼。"固"是形容"谏"字的副词。杜预误解"固"为公孙固,《史记·宋世家》作子鱼谏,不误)曰:

"天之弃商久矣。君将兴之,弗可赦也已。"(杜预误读"弗可。赦也已"。此五字当作一句读。子鱼先反对襄公争盟。到了将战,他却主张给楚兵一个痛快的打击,故下文力主趁楚师未既济时击之。丁声树先生说"弗"字乃"不之"二字之合。此句所含"之"字,正指敌人。既要做中兴殷商的大事,这回不可放过敌人了。)

这里忽然提出复兴殷商的大问题来,可见宋襄公的野心正是一个复兴民族的运动。不幸他的"妇人之仁"使他错过机会;大败之后,他还要替自己辩护,说:

> 君子不重伤,不禽二毛。……寡人虽亡国之余,不鼓不成列。

"亡国之余",这也可见殷商后人不忘亡国的惨痛。三百年后,宋君偃自立为宋王,东败齐,南败楚,西败魏,也是这点亡国遗憾的死灰复燃,也是一个民族复兴的运动。但不久也失败了。殷商民族的政治的复兴,终于无望了。

但在那殷商民族亡国后的几百年中,他们好像始终保存着民族复兴的梦想,渐渐养成了一个"救世圣人"的预言,这种预言是亡国民族里常有的,最有名的一个例子就是希伯来(犹太)民族的"弥赛亚"(Messiah)降生救世的悬记,后来引起了耶稣领导的大运动。这种悬记(佛书中所谓"悬记",即预言)本来只是悬想一个未来的民族英雄起来领导那久受亡国苦痛的民众,做到那复兴民族的大事业。但年代久了,政治复兴的梦想终没有影子,于是这种预言渐渐变换了内容,政治复兴的色彩渐渐变淡了,宗教或文化复兴的意味渐渐加浓了。犹太民族的"弥赛亚"原来是一个复兴英雄,后来却变成了一个救世的教主,这是一变;一个狭义的,民族的中兴领袖,后来却变成了一个救度全人类的大圣人,这一变更远大了。我们现在观察殷民族亡国后的历史,似乎他们也曾有过一个民族英雄复兴殷商的悬记,也曾有过一个圣人复起的预言。

我们试撇开一切旧说,来重读《商颂》的《玄鸟》篇:

天命玄鸟,降而生商,宅殷土芒芒。古帝命武汤,正域彼四方。

方命厥后,奄有九有。商之先后,受命不殆,在武丁孙子。

武丁孙子——武王靡不胜。龙旂十乘,大糦是承。

邦畿千里,维民所止。肇域彼四海,四海来假。

来假祁祁,景员维河。殷受命咸宜,百禄是何。

此诗旧说以为是祀高宗的诗。但旧说总无法解释诗中的"武丁孙子",也不能解释那"武丁孙子"的"武王"。郑玄解作:"高宗之孙子有武功有王德于天下者,无所不胜服。"朱熹说:"武王,汤号,而其后世亦以自称也。言武丁孙子,今袭汤号者,其武无所不胜。"这是谁呢? 殷自武丁以后,国力渐衰;史书所载,已无有一个无所不胜服的"武王"了。我看此诗乃是一种预言:先述那"正域彼四方"的武汤,次预言一个"肇域彼四海"的"武丁孙子——武王"。"大糦"旧说有二:《韩诗》说糦为"大祭",郑玄训糦为"黍稷",都是臆说(朱骏声《说文通训定声》误记《商

四、论"五百年必有王者兴"的预言

颂·烈祖》有"大糦是承",训黍稷;又《玄鸟》有"大糦是承",《韩诗》训为大祭。其实,《烈祖》无此句)。我以为"糦"字乃是"囏"字,即是"艰"字。艰字籀文作囏,字损为糦。《周书·大诰》,"有大艰于西土,西土人亦不静。""大艰"即是大难,这个未来的"武王"能无所不胜,能用"十乘"的薄弱武力,而承担"大艰",能从千里的邦畿而开国于四海。这就是殷民族悬想的中兴英雄。(郑玄释"十乘"为"二王后,八州之大国",每国一乘,故为十乘!)

但世代久了,这个无所不胜的"武王"始终没有出现,宋襄公中兴殷商的梦是吹破的了。于是这个民族英雄的预言渐渐变成了一种救世圣人的预言。《左传》(昭公七年)记孟僖子将死时,召其大夫曰:

> 吾闻将有达者,曰孔丘,圣人之后也,而灭于宋。其祖弗父何以有宋而授厉公。及正考父佐戴武宣,三命兹益共,故其鼎铭云:"一命而偻,再命而伛,三命而俯。循墙而走,亦莫敢余侮。饘于是,鬻于是,以餬余口。"其共也如是。臧孙纥有言曰:"圣人有明德者,若不当世,其后必有达人。"今其将在孔丘乎?

孟僖子死在昭公二十四年(纪元前 518),其时孔子已是三十四岁了。如果这种记载是可信的,那就可见鲁国的统治阶级那时已注意到孔子的声望,并且注意到他的家世;说他是"圣人之后",并且说他是"圣人之后"的"达者"。(适按,《论语》十二,"子张问,士何如斯可谓之达矣?子曰,何哉尔所谓达者?子张对曰，在邦必闻，在家必闻。……"此可以解释"达者""达人"的普通意象。）孟僖子引臧孙纥的话，臧孙纥自己也是当时人称为"圣人"的，《左传》（襄公二十二年）说：

> 臧武仲雨过御叔，御叔在其邑将饮酒，曰："焉用圣人！我将饮酒而已。雨行，何以圣为！"

臧孙纥去国出奔时，孔子只有两岁。他说的"圣人有明德者，若不当世，其后必有达人"，当然不是为孔丘说的，不过是一种泛论。但他这话也许是受了当时鲁国的殷民族中一种期待圣人出世的预言的暗示。这自然只是我的一个猜想；但孟僖子说，"吾闻将有达者曰孔丘"，这句话的涵义是说："我听外间传说，将要有一位达人起来，叫做孔丘。"这可见他听见了外间民众纷纷说到这个殷商后裔孔丘，是一位将兴的达者或圣人。这种传说当然与臧孙纥的预言无关，但看孟僖子的口气，好像民间已有把那个三十多岁的孔丘认做符合某种悬记的话，所以他想到那位不容于鲁国的圣人臧孙纥的悬记，说，"今其将在孔丘乎？"这就是说：这个预言要应在孔丘身上了。这就是说：民间已传说这个孔丘是一位将兴的达者了，臧孙纥也有过这样的话，现在要应验了。

所以我们可以假定，在那多数的东方殷民族之中，早已有一个"将有达者"的大预言。在这个预言的流行空气里，鲁国"圣人"臧孙纥也就有一种"圣人之后必有达者"的预言。我们可以猜想那个民间预言的形式大概是说："殷商亡国后五百年，有个大圣人出来。"我们试读《孟子》，就可以知道"五百年"不是

四、论"五百年必有王者兴"的预言

我的瞎说。孟子在他离开齐国,最不得意的时候,对他的弟子充虞说:

> 五百年必有王者兴,其间必有名世者。由周而来,七百有余岁矣。以其数则过矣,以其时考之则可矣。夫天未欲平治天下也。如欲平治天下,当今之世,舍我其谁也?(《公孙丑》下)

在这一段话里,我们可以看出"五百年必有王者兴"乃是古来一句流行的预言,所以孟子很诧异这个"五百年"的预言何以至今还不灵验。但他始终深信这句五百年的悬记。所以《孟子》最后一章又说:

> 由尧舜至于汤,五百有余岁。……由汤至于文王,五百有余岁。……由文王至于孔子,五百有余岁。……由孔子而来,至于今,百有余岁。去圣人之世若此其未远也,近圣人之居若此其甚也,然而无有乎尔,则亦无有乎尔!(《尽心》下)

这样的低徊追忆不是偶然的事,乃是一个伟大的民族传说几百年流行的结果。

孔子生于鲁襄公二十二年(前551),上距殷武庚的灭亡,已有五百多年。大概这个"五百年必有王者兴"的预言由来已久,所以宋襄公(泓之战在前638)正当殷亡后的第五世纪,他那复兴殷商的野心也正是那个预言之下的产儿。到了孔子出世的时代,那预言的五百年之期已过了几十年,殷民族的渴望正在最高度。这时期,忽然殷宋公孙的一个嫡系里出来了一个聪明睿知的少年，起于贫贱的环境里，而贫贱压不住他；生于"野合"的父母，甚至于他少年时还不知道其父的坟墓；然而他的多才多艺，使他居然战胜了一个当然很不好受的少年处境，使人们居然忘了他的出身，使他的乡人异口同声的赞叹他：

大哉孔子！博学而无所成名！

这样一个人，正因为他的出身特别微贱，所以人们特别惊异他的天才与学力之高，特别追想到他的先世遗泽的长久而伟大。所以当他少年时代，他已是民间人望所归了；民间已隐隐的、纷纷的传说："五百年必有圣者兴，今其将在孔丘乎！"甚至于鲁国的贵族权臣也在背后议论道："圣人之后，必有达者，今其将在孔丘乎！"

我们可以说，孔子壮年时，已被一般人认作那个应运而生的圣人了。这个假设可以解决《论语》里许多费解的谈话。如云：

子曰：天生德于予，桓魋其如予何？

如云：

子畏于匡，曰：文王既没，文不在兹乎？天之将丧斯文也，后死者不得与于斯文也。天之未丧斯文也，匡人其如予何？

如云：

子曰：凤鸟不至，河不出图，吾已矣夫！

这三段说话，我们平时都感觉难懂。但若如上文所说，孔子壮年以后在一般民众心目中已成了一个五百年应运而兴的圣人，这些话就都不难懂了。因为古来久有那个五百年必有圣者兴的悬记；因为孔子生当殷亡之后五百余年；因为他出于一个殷宋正考父的嫡系；因为他那出类拔萃的天才与学力早年就得民众的崇敬，就被人期许为那将兴的达者。——因为这些原故，孔子自己也就不能避免一种自许自任的心理。他是不满意于眼前社会政治的现状的：

> 斗筲之人，何足算也！

他是很有自信力的：

> 苟有用我者，期月而已可也，三年有成。

他对于整个的人类是有无限同情心的：

> 鸟兽不可与同群，吾非斯人之徒与，而谁与？天下有道，丘不与易也。

所以他也不能不高自期许，把那五百年的担子自己挑起来。他有了这样大的自信心，他觉得一切阻力都是不足畏惧的了："桓魋其如予何！""匡人其如予何！""公伯寮其如命何！"他虽不能上应殷商民族歌颂里那个"肇域彼四海"的"武王"，难道不能做一个中兴文化的"文王"吗！

凤鸟与河图的失望，更可以证明那个古来悬记的存在。那个"五百年必有王者兴"的传说当然不会是那样干净简单的，当然还带着许多幼稚的民族神话。"天命玄鸟，降而生商"，正是他的祖宗的"感生帝"的传说。凤鸟之至，河之出图，麒麟之来，大概都是那个五百年应运圣人的预言的一部分。民众当然深信这些；孔子虽然"不语怪力乱神"，但他也不能完全脱离一个时代的民族信仰。他到了晚年，也就不免有时起这样的怀疑：

> 凤鸟不至，河不出图，吾已矣夫！

"《春秋》绝笔于获麟"，这个传说，也应该作同样的解释。《公羊传》说：

> 有以告者曰："有麇而角者。"孔子曰："孰为来哉！孰为来哉！"反袂拭面，涕沾袍。颜渊死，子曰："噫，天丧予！"子路死，子曰："噫，天祝予！"西狩获麟，孔子曰："吾道穷矣！"

《史记》节取《左传》与《公羊传》，作这样的记载：

> 鲁哀公十四年春，狩大野，叔孙氏车子鉏商获兽，以为不祥。仲尼视之，曰："麟也。"取之。曰："河不出图，雒不出书，吾已矣夫！"颜渊死，孔子曰："天丧予！"及西狩见麟，曰："吾道穷矣！"

孔子的谈话里时时显出他确有点相信他是受命于天的。"天生德于予""天之未丧斯文也""天丧予""下学而上达，知我者其天乎！"此等地方，若依宋儒"天即理也"的说法，无论如何讲不通。若用民俗学的常识来看此等话语，一切就都好懂了。《檀弓》记孔子将死的一段，也应该如此看法：

> 孔子蚤作，负手曳杖，消摇于门，歌曰：
>
> 泰山其颓乎？
>
> 梁木其坏乎？
>
> 哲人其萎乎？
>
> 既歌而入，当户而坐。子贡闻之，曰："泰山其颓，则吾将安仰？梁木其坏，哲人其萎，则吾将安放？夫子殆

将病也。"遂趋而入。夫子曰："赐，尔来何迟也！夏后氏殡于东阶之上，则犹在阼也。殷人殡于两楹之间，则与宾主夹之也。周人殡于西阶之上，则犹宾之也。而丘也，殷人也。予畴昔之夜，梦坐奠于两楹之间。夫明王不兴，而天下其孰能宗予，予殆将死也。"盖寝疾七日而殁。

看他将死之前，明知道那"天下宗予"的梦想已不能实现了，他还自比于泰山梁木。在那"明王不兴，天下其孰能宗予"的慨叹里，我们还可以听见那"五百年必有王者兴"的古代悬记的尾声，还可以听见一位自信为应运而生的圣者的最后绝望的叹声。同时，在这一段话里，我们也可以看见他的同时人、他的弟子和后世的人对他的敬仰的一个来源。《论语》记那个仪封人说：

二三子何患于丧（丧是失位，是不得意）乎？天下之无道也久矣。天将以夫子为木铎。

《论语》又记一件很可玩味的故事：

南宫适问于孔子曰："羿善射，奡荡舟，俱不得其死焉。禹稷躬稼，而有天下。"孔子不答。南宫适出，子曰："君子哉若人！尚德哉若人！"

南宫适是孟僖子的儿子，是孔子的侄女婿。他问这话，隐隐的表示他对于某方面的一种想望。孔子虽不便答他，却很明白他的意思了。再看《论语》记子贡替孔子辩护的话：

仲尼，日月也。……人虽欲自绝，其何伤于日月乎？多见其不知量也。

> 夫子之不可及也，犹天之不可阶而升也。夫子之得邦家者，所谓立之斯立，道之斯行，绥之斯来，动之斯和；其生也荣，其死也哀：如之何其可及也！

这是当时的人对他的崇敬。一百多年后，孟子追述宰我、子贡、有若赞颂孔子的话，宰我说：

> 以予观于夫子，贤于尧舜远矣！

子贡说：

> 见其礼而知其政，闻其乐而知其德，由百世之后，等百世之王，莫之能违也。自生民以来，未有夫子也。

有若说：

> 岂惟民哉？麒麟之于走兽，凤皇之于飞鸟，太山之于丘垤，河海之于行潦，类也。圣人之于民，亦类也。出乎其类，拔乎其萃，自生民以来，未有盛于夫子也。

孟子自己也说：

> 自生民以来，未有孔子也。

后来所谓"素王"之说，在这些话里都可以寻出一些渊源线索。孔子自己也曾说过：

> 文王既没，文不在兹乎？

这就是一个无冠帝王的气象。他自己担负起文王以来五百年的中兴重担子来了，他的弟子也期望他像"禹稷耕稼而有天下"，说他"贤于尧舜远矣"，说他为生民以来所未有，这当然是一个"素王"了。

孔子是一个热心想做一番功业的人，本来不甘心做一个"素王"的。我们看他议论管仲的话：

> 管仲相桓公，霸诸侯，一匡天下，民到于今受其赐。微管仲，吾其被发左衽矣。岂若匹夫匹妇之为谅也，自经于沟渎而莫之知也？

这一段话最可以表示孔子的救世热肠，也最可以解释他一生栖栖皇皇奔走四方的行为。《檀弓》记他的弟子有若的观察：

> 昔者夫子失鲁司寇，将之荆，盖先之以子夏，又申之以冉有。以斯知不欲速贫也。

《论语》里有许多同样的记载：

> 子欲居九夷。或曰："陋，如之何？"子曰："君子居之，何陋之有？"

> 子曰，"道不行，乘桴浮于海，从我者其由欤？"

《论语》里记着两件事，曾引起最多的误解。一件是公山弗扰召孔子的事：

> 公山弗扰以费叛，召，子欲往。子路不说，曰，"末之也已，何必公山氏之之也？"子曰："夫召我者，而岂徒哉？如有用我者，吾其为东周乎？"

一件是佛肸召孔子的事：

> 佛肸召，子欲往。子路曰："昔者由也闻诸夫子曰：'亲于其身为不善者，君子不入也。'佛肸以中牟畔（佛肸是晋国赵简子的中牟邑宰，据中牟以叛），子之往也，如之何？"子曰："然，有是言也。不曰坚乎，磨而不磷？不曰白乎，涅而不缁？吾岂匏瓜也哉？焉能系

而不食？"

后世儒者用后世的眼光来评量这两件事，总觉得孔子决不会这样看重两个反叛的家臣，决不会这样热衷。疑此两事的人，如崔述（《洙泗考信录》卷二），根本不信此种记载为《论语》所有的；那些不敢怀疑《论语》的人，如孔颖达（《论语正义》十七），如程颐、张栻（引见朱熹《论语集注》九），都只能委曲解说孔子的动机。其实孔子的动机不过是赞成一个也许可以尝试有为的机会。从事业上看，"吾其为东周乎？"这就是说，也许我可以造成一个"东方的周帝国"哩。从个人的感慨上说，"吾岂匏瓜也哉？焉能系而不食？"这就是说，我是想做事的，我不能像那串葫芦，挂在那儿摆样子，可是不中吃的。这都是很近情理的感想，用不着什么解释的。（王安石有《中牟》诗："颓城百雉拥高秋，驱马临风想圣丘。此道门人多未悟，尔来千载判悠悠。"）

他到了晚年，也有时感慨他的壮志的消磨。最动人的是他的自述：

甚矣吾衰也！久矣吾不复梦见周公！

这寥寥两句话里，我们可以听见一个"烈士暮年，壮心未已"的长叹。周公是周帝国的一个最伟大的创始者，东方的征服可说全是周公的大功。孔子想造成的"东周"，不是那平王以后的"东周"（这个"东周"乃是史家所用名称，当时无用此名的），乃是周公平定四国后造成的东方周帝国。但这个伟大的梦终没有实现的机会，孔子临死时还说：

四、论"五百年必有王者兴"的预言

夫明王不兴，而天下其孰能宗予，予殆将死也？

不做周公而仅仅做一个"素王"，是孔子自己不能认为满意的，但"五百年必有王者兴"的悬记终于这样不满意的应在他的身上了。

犹太民族亡国后的预言，也曾期望一个民族英雄出来，"做万民的君王和司令"（《以赛亚书》五五章，四节），"使雅各众复兴，使以色列之中得保全的人民能归回——这还是小事——还要作外邦人的光，推行我（耶和华）的救恩，直到地的尽头"（同书，四九章，六节）。但到了后来，大卫的子孙里出了一个耶稣，他的聪明仁爱得了民众的推戴，民众认他是古代先知预言的"弥赛亚"，称他为"犹太人的王"。后来他被拘捕了，罗马帝国的兵"给他脱了衣服，穿上一件朱红色袍子，用荆棘编作冠冕，戴在他头上，拿一根苇子放在他右手里；他们跪在他面前，戏弄他说：'恭喜犹太人的王阿！'"戏弄过了，他们带他出去，把他钉死在十字架上，犹太人的王"使雅各众复兴，使以色列归回"的梦想，就这样吹散了。但那个钉死在十字架上的殉道者，死了又"复活"了："好像一粒芥菜子，这原是种子里最小的，等到长起来，却比各样菜都大，且成了一株树，天上的飞鸟来宿在他的枝上。"他真成了"外邦人的光，直到地的尽头"。

孔子的故事也很像这样的。殷商民族亡国以后，也曾期望"武丁孙子"里有一个无所不胜的"武王"起来"大糦是承""肇域彼四海"。后来这个希望渐渐形成了一个"五百年必有王者兴"的悬记，引起了宋襄公复兴殷商的野心。这一次民族复兴的运动失败之后，那个伟大的民族仍旧把他们的希望继续寄托在一个将兴的圣王身上。果然，亡国后的第六世纪里，起来了一个伟大的"学而不厌，诲人不倦"的圣人。这一个伟大的人不久就得着了许多人的崇敬，他们认他是他们所期待的圣人；就是和他不同族的鲁国统治阶级里，也有人承认那个圣人将兴的预言要应在这个人身上。和他接近的人，仰望他如同仰望日月一样；相信他若得着机会，他一定能"立之斯立，道之斯行，绥之斯来，动之斯和"。他自己也明白人们对他的期望，也以泰山梁木自待，自信"天生德于予"，自许要作文王、周公的功业。到他临死时，他还做梦"坐奠于两楹之间"。他抱着"天下其孰能宗予"的遗憾死了，但他死了也"复活"了："人能弘道，非道弘人"。他打破了殷周文化的藩篱，打通了殷周民族的畛域，把那含有部落性的"儒"抬高了、放大了，重新建立在六百年殷周民族共同生活的新基础之上：他做了那中兴的"儒"的不祧的宗主；他也成了"外邦人的光""声名洋溢乎中国，施及蛮貊，舟车所至，人力所通……凡有血气者莫不尊亲"。

五、论孔子的大贡献

孔子所以能中兴那五六百年来受人轻视的"儒",是因为他认清了那六百年殷周民族杂居,文化逐渐混合的趋势,他知道那个富有部落性的殷遗民的"儒"是无法能拒绝那六百年来统治中国的周文化的了,所以他大胆的冲破那民族的界限,大胆的宣言:"吾从周!"他说:

夏礼,吾能言之,杞不足征也;殷礼,吾能言之,宋不足征也。文献不足故也。足,则吾能征之矣。

这就是说,夏殷两个故国的文化虽然都还有部分的保存——例如《士丧礼》里的夏祝商祝——然而民族杂居太长久了,后起的统治势力的文化渐渐湮没了亡国民族的老文化,甚至于连那两个老文化的政治中心,杞与宋,都不能继续保存他们的文献了。杞国的史料现在已无可考。就拿宋国来看,宋国在那姬周诸国包围之中,早就显出被周文化同化的倾向来了。最明显的例子是谥法的采用。殷人无谥法,《檀弓》说:

幼名,冠字,五十以伯仲,死谥,周道也。

今考《宋世家》,微子启传其弟微仲,微仲传子稽,稽传丁公申,丁公申传湣公共,共传弟炀公熙,湣公子鲋弑炀公而自立,是为厉公。这样看来,微子之后,到第四代已用周道,死后称谥了。——举此一端,可见同化的速度。在五六百年中,文献的丧失,大概是由于同化久了,虽有那些保存古服古礼的"儒",也只能做到一点抱残守缺的工夫,而不能挽救那自然的趋势。可是那西周民族却在那五六百年中充分吸收东方古国的文化;西周王室虽然渐渐不振了,那些新建立的国家,如在殷商旧地的齐鲁卫郑,如在夏后氏旧地的晋,都继续发展,成为几个很重要的文化中心。所谓"周礼",其实是这五六百年中造成的殷周混合文化。旧文化里灌入了新民族的新血液,旧基础上筑起了新国家的新制度,很自然的呈显出一种"粲然大备"的气象。《檀弓》有两段最可玩味的记载:

有虞氏瓦棺,夏后氏堲周,殷人棺椁,周人墙置翣。周人以殷人之棺椁葬长殇,以夏后氏之堲周葬中殇下殇,以有虞氏之瓦棺葬无服之殇。

仲宪言于曾子曰:"夏后氏用明器……殷人用祭器……周人兼用之……"

这都是最自然的现象。我们今日看北方的出殡,其中有披麻带孝的孝子,有和尚,有道士,有喇嘛,有军乐队,有纸扎的汽车马车,和《檀弓》记的同时有四种葬法,是一样的文化混合。孔子是个有历史眼光的人,他认清了那个所谓"周礼"并不是西周人带来的,乃是几千年的古文化逐渐积聚演变的总成绩,这里面含有绝大的因袭夏殷古文化的成分。他说:

五、论孔子的大贡献

> 殷因于夏礼,所损益,可知也;周因于殷礼,所损益,可知也。

这是很透辟的"历史的看法"。有了这种历史见解,孔子自然能看破,并且敢放弃那传统的"儒"的保守主义。所以他大胆的说:

> 周监于二代,郁郁乎文哉!吾从周。

在这句"吾从周"的口号之下,孔子扩大了旧"儒"的范围,把那个做殷民族的祝人的"儒"变做全国人的师儒了。"儒"的中兴,其实是"儒"的放大。

孔子所谓"从周",我在上文说过,其实是接受那个因袭夏殷文化而演变出来的现代文化。所以孔子的"从周"不是绝对的,只是选择的,只是"择其善者而从之,其不善者而改之"。《论语》里说:

> 颜渊问为邦,子曰:"行夏之时,乘殷之辂,服周之冕。乐则韶舞。放郑声,远佞人;郑声淫,佞人殆。"

这是很明显的折衷主义。《论语》又记孔子说:

> 麻冕,礼也;今也纯。俭,吾从众。拜下,礼也;今拜乎上,泰也。虽违众,吾从下。

这里的选择去取的标准更明显了。《檀弓》里也有同类的记载:

> 孔子曰:"拜而后稽颡,颓乎其顺也(郑注,此殷之丧拜也);稽颡而后拜,顾乎其至也(郑注,此周之丧拜也)。三年之丧,吾从其至者。"

> 殷既封而吊，周反哭而吊。孔子曰："殷已悫，吾从周。"
>
> 殷练而祔，周卒哭而祔。孔子善殷。

这都是选择折衷的态度。《檀弓》又记：

> 孔子之丧，公西赤为志焉：饰棺墙，置翣，设披，周也；设崇，殷也；绸练设旐，夏也。
>
> 子张之丧，公明仪为志焉：褚幕丹质，蚁结于四隅，殷士也。

这两家的送葬的礼式不同，更可以使我们明了孔子和殷儒的关系。子张是"殷士"，所以他的送葬完全沿用殷礼。孔子虽然也是殷人，但他的教义早已超过那保守的殷儒的遗风了，早已明白宣示他的"从周"的态度了，早已表示他的选择三代礼文的立场了，所以他的送葬也含有这个调和三代文化的象征意义。

孔子的伟大贡献正在这种博大的"择善"的新精神。他是没有那狭义的畛域观念的。他说：

> 君子周而不比。

又说：

> 君子群而不党。

他的眼光注射在那整个的人群，所以他说：

> 君子之于天下也，无适也，无莫也，义之与比。

他认定了教育可以打破一切阶级与界限，所以曾有这样最大胆的宣言：

> 有教无类。

这四个字在今日好像很平常。但在二千五百年前,这样平等的教育观必定是很震动社会的一个革命学说。因为"有教无类",所以孔子说:"自行束脩以上,吾未尝无诲焉。"所以他的门下有鲁国的公孙,有货殖的商人,有极贫的原宪,有在缧绁之中的公冶长。因为孔子深信教育可以摧破一切阶级的畛域,所以他终身"为之不厌,诲人不倦"。

孔子时时提出一个"仁"字的理想境界。"仁者人也",这是最妥贴的古训。"井有仁焉"就是"井有人焉"。"仁"就是那用整个人类为对象的教义。最浅的说法是:

樊迟问仁,子曰:"爱人。"

进一步的说法,"仁"就是要尽人道,做到一个理想的人样子,这个理想的人样子也有浅深不同的说法:

樊迟问仁,子曰:"居处恭,执事敬,与人忠:虽之夷狄,不可弃也。"

这是最低限度的说法了。此外还有许多种说法:

樊迟问仁,子曰:"仁者先难而后获,可谓仁矣。"(比较孔子在别处对樊迟说的"先事后得"。)

司马牛问仁,子曰:"仁者其言也讱。为之难,言之得无讱乎?"

颜渊问仁,子曰:"克己复礼为仁。"

仲弓问仁,子曰:"出门如见大宾,使民如承大祭。己所不欲,勿施于人。在邦无怨,在家无怨。"

其实这都是"居处恭,执事敬,与人忠"引伸的意义。仁就是做人。用那理想境界的人做人生的目标，这就是孔子的最博大又最平实的教义。我们看他的大弟子曾参说的话：

> 士不可以不弘毅：任重而道远。仁以为己任，不亦重乎？死而后已，不亦远乎？

"仁以为己任"，就是把整个人类看作自己的责任。耶稣在山上，看见民众纷纷到来，他很感动，说道："收成是好的，可惜做工的人太少了。"曾子说的"任重而道远"，正是同样的感慨。

从一个亡国民族的教士阶级，变到调和三代文化的师儒；用"吾从周"的博大精神，担起了"仁以为己任"的绝大使命——这是孔子的新儒教。

"儒"本来是亡国遗民的宗教，所以富有亡国遗民柔顺以取容的人生观，所以"儒"的古训为柔懦。到了孔子，他对自己有绝大信心，对他领导的文化教育运动也有绝大信心，他又认清了那六百年殷周民族同化的历史实在是东部古文化同化了西周新民族的历史——西周民族的新建设也都建立在那"周因于殷礼"的基础之上——所以他自己没有那种亡国遗民的柔逊取容的心理。"士不可以不弘毅：任重而道远"，这是这个新运动的新精神，不是那个"一命而偻，再命而伛，三命而俯"的柔道所能包涵的了。孔子说：

> 志士仁人，无求生以害仁，有杀身以成仁。

他的弟子子贡问他：伯夷、叔齐饿死在首阳山下，怨不怨呢？孔子答道：

> 求仁而得仁，又何怨？

这都不是柔道的人生哲学了。这里所谓"仁",无疑的,就是做人之道。孟子引孔子的话道:

> 志士不忘在沟壑,勇士不忘丧其元。

我颇疑心孔子受了那几百年来封建社会中的武士风气的影响,所以他把那柔懦的儒和杀身成仁的武士合并在一块,造成了一种新的"儒行"。《论语》说:

> 子路问成人,子曰:"若臧武仲之知,公绰之不欲。下庄子之勇,冉求之艺,文之以礼乐,亦可以为成人矣。"曰:"今之成人者何必然。见利思义,见危授命,久要不忘平生之言,亦可以为成人矣。"

"成人"就是"成仁",就是"仁"。综合当时社会上的理想人物的各种美德,合成一个理想的人格,这就是"君子儒",这就是"仁"。但他又让一步,说"今之成人者"的最低标准。这个最低标准正是当时的"武士道"的信条。他的弟子子张也说:

> 士见危致命,见得思义,祭思敬,丧思哀,其可已矣。

曾子说:

> 可以托六尺之孤,可以寄百里之命,临大节而不可夺也。君子人欤?君子人也。

这就是"见危致命"的武士道的君子。子张又说:

> 执德不弘,信道不笃,焉能为有?焉能为亡?

子张是"殷士",而他的见解已是如此,可见孔子的新教义已能改变那传统的儒,形成一种弘毅的新儒了。孔子曾说:

> 刚毅木讷,近仁。

又说：

> 巧言令色，鲜矣仁。

他提倡的新儒行只是那刚毅勇敢，担负得起天下重任的人格。所以说：

> 仁者己欲立而立人，己欲达而达人。

又说：

> 君子……修己以敬……修己以安人……修己以安百姓。

这是一个新的理想境界，绝不是那治丧相礼以为衣食之端的柔懦的儒的境界了。

孔子自己的人格就是这种弘毅的人格。《论语》说：

> 子曰："君子道者三，我无能焉：仁者不忧，知者不惑，勇者不惧。"子贡曰："夫子自道也。"

> 子曰："不怨天，不尤人，下学而上达。知我者其天乎！"

> 叶公问孔子于子路，子路不对。子曰："汝奚不曰，'其为人也，发愤忘食，乐以忘忧，不知老之将至云尔？'"

《论语》又记着一条有风趣的故事：

> 子路宿于石门，晨门曰："奚自？"子路曰："自孔氏。"曰："是知其不可而为之者欤？"

这是当时人对于孔子的观察。"知其不可而为之"，是孔子的新精神。这是古来柔道的儒所不曾梦见的新境界。

但柔道的人生观,在孔门也不是完全没有相当地位的。曾子说:

> 以能问于不能,以多问于寡;有若无,实若虚;犯而不校:昔者吾友尝从事于斯矣。

这一段的描写,原文只说"吾友",东汉的马融硬说"友谓颜渊",从此以后,注家也都说是颜渊了(现在竟有人说道家出于颜回了)。其实"吾友"只是我的朋友,或我的朋友们,二千五百年后人只可以"阙疑",不必费心去猜测。如果这些话可以指颜渊,那么,我们也可以证明这些话是说孔子。《论语》不说过吗?

> 子入太庙,每事问。或曰:"孰谓鄹人之子知礼乎?入太庙,每事问!"子闻之曰:"是礼也。"

这不是有意的"以能问于不能,以多问于寡"吗?这不是"有若无,实若虚"吗?

> 子曰:"吾有知乎哉?无知也。有鄙夫问于我,空空如也。我叩其两端而竭焉。"

这不是"以能问于不能,以多问于寡;有若无,实若虚"吗?《论语》又记孔子赞叹"伯夷、叔齐不念旧恶,怨是用希",这不是"犯而不校"吗?为什么我们不可以说"吾友"是指孔子呢?为什么我们不可以说"吾友"只是泛指曾子"昔者"接近的某些师友呢?为什么我们不可以说这是孔门某一个时期("昔者")所"尝从事"的学风呢?

大概这种谦卑的态度、虚心的气象、柔逊的处世方法,本来是几百年来的儒者遗风，孔子本来不曾抹煞这一套，他不过不承认这一套是最后的境界，也不觉得这是唯一的境界罢了。（曾子的这一段话的下面，即是"可以托六尺之孤"一段；再下面，就是"士不可以不弘毅"一段。这三段话，写出三种境界，最可供我们作比较。）在那个标举"成人""成仁"为理想境界的新学风里，柔逊谦卑不过是其一端而已。孔子说得好：

恭而无礼则劳，慎而无礼则葸，勇而无礼则乱，直而无礼则绞。

恭与慎都是柔道的美德——孟僖子称正考父的鼎铭为"共（恭）"——可是过当的恭慎就不是"成人"的气象了。《乡党》一篇写孔子的行为何等恭慎谦卑！《乡党》开端就说：

孔子于乡党，恂恂如也，似不能言者。其在宗庙朝廷，便便言，唯谨尔。（郑注：便便，辩也。）

《论语》里记他和当时的国君权臣的问答，语气总是最恭慎的，道理总是守正不阿的。最好的例子是鲁定公问一言可以兴邦的两段：

定公问："一言而可以兴邦，有诸？"

孔子对曰："言不可以若是其几也。人之言曰，'为君难，为臣不易。'如知为君之难也，不几乎一言而兴邦乎？"

曰："一言而丧邦，有诸？"

孔子对曰："言不可以若是其几也。人之言曰，'予无乐乎为君，唯其言而莫予违也。'如其善而莫之违也，不亦善乎？如不善而莫之违也，不几乎一言而丧邦乎？"

他用这样婉转的辞令，对他的国君发表这样独立的见解，这最可以代表孔子的"温而厉""与人恭而有礼"的人格。

《中庸》虽是晚出的书，其中有子路问强一节，可以用来做参考资料：

> 子路问强。子曰："南方之强欤？北方之强欤？抑而强欤？"
>
> "宽柔可教，不报无道，南方之强也。君子居之。"
>
> "衽金革，死而不厌，北方之强也。而强者居之。"
>
> "故君子和而不流，强哉矫；中立而不倚，强哉矫。国有道，不变塞焉，强哉矫；国无道，至死不变，强哉矫。"

这里说的话，无论是不是孔子的话，至少可以表示孔门学者认清了当时有两种不同的人生观，又可以表示他们并不菲薄那"宽柔以教，不报无道"（即是"犯而不校"）的柔道。他们看准了这种柔道也正是一种"强"道。当时所谓"南人"，与后世所谓"南人"不同。春秋时代的楚与吴，虽然更南了，但他们在北方人的眼里还都是"南蛮"，够不上那柔道的文化。古代人所谓"南人"似乎都是指大河以南的宋国鲁国，其人多是殷商遗民，传染了儒柔的风气，文化高了，世故也深了，所以有这种宽柔的"不报无道"的教义。

这种柔道本来也是一种"强"，正如《周易·象传》说的"谦尊而光，卑而不可逾"。一个人自信甚坚强，自然可以不计较外来的侮辱;或者他有很强的宗教信心,深信"鬼神害盈而福谦",他也可以不计较偶然的横暴。谦卑柔逊之中含有一种坚忍的信心,所以可说是一种君子之强。但他也有流弊。过度的柔逊恭顺,就成了懦弱者的百依百顺,没有独立的是非好恶之心了。这种人就成了孔子最痛恨的"乡原";"原"是谨愿,乡愿是一乡都称为谨愿好人的人。《论语》说:

子曰:"乡原,德之贼也。"

《孟子》末篇对这个意思有很详细的说明:

孟子曰:"……孔子曰:'过我门而不入我室,我不憾焉者,其惟乡原乎?乡原,德之贼也。'"

万章曰:"何如斯可谓之乡原矣?"

曰:"何以是嘐嘐也!言不顾行,行不顾言,则曰,'古之人!古之人!行何为踽踽凉凉?生斯世也,为斯世也,善斯可矣。'阉然媚于世也者,是乡原也。"

万章曰:"一乡皆称原人焉,无所往而不为原人,孔子以为德之贼,何哉?"

曰:"非之,无举也;刺之,无刺也。同乎流俗,合乎污世。居之似忠信,行之似廉洁。众皆悦之,自以为是,而不可与入尧舜之道。故曰德之贼也。孔子曰:'恶似而非者。恶莠,恐其乱苗也;恶佞,恐其乱义也;恶利口,恐其乱信也;恶郑声,恐其乱乐也;恶紫,恐其乱朱也;恶乡原,恐其乱德也。'"

这样的人的大病在于只能柔而不能刚;只能"同乎流俗,合乎污世""阉然媚于世",而不能有踽踽凉凉的特立独行。

孔子从柔道的儒风里出来,要人"柔而能刚""恭而有礼"。他说:

> 众好之,必察焉;众恶之,必察焉。

乡原决不会有"众恶之"的情况的。凡"众好之"的人,大概是"同乎流俗,合乎污世"的人。《论语》另有一条说此意最好:

> 子贡问曰:"乡人皆好之,何如?"
> 子曰:"未可也。"
> "乡人皆恶之,何如?"
> 子曰:"未可也。不如乡人之善者好之,其不善者恶之。"

这就是《论语》说的"君子和而不同";也就是《中庸》说的"君子和而不流,中立而不倚"。这才是孔子要提倡的那种弘毅的新儒行。

《礼记》里有《儒行》一篇,记孔子答鲁哀公问"儒行"的话,其著作年代已不可考,但其中说儒服是鲁宋的乡服,可知作者去古尚未远,大概是战国早期的儒家著作的一种。此篇列举"儒行"十六节,其中有一节云:

> 儒有衣冠中,动作慎;其大让如慢,小让如伪;大则如威(畏),小则如愧:其难进而易退也,粥粥若无能也。

这还是儒柔的本色。又一节云:

> 儒有博学而不穷,笃行而不倦……礼之以和为

贵……举贤而容众，毁方而瓦合，其宽裕有如此者。

这也还近于儒柔之义。但此外十几节，如云：

爱其死以有待也，养其身以有为也。

非时不见，非义不合。

见利不亏其义，见死不更其守。其特立有如此者。

儒有可亲而不可劫也，可近而不可迫也，可杀而不可辱也。其过失可微辨而不可面数也。其刚毅有如此者。

身可危也，而志不可夺也。虽危，起居竟信（伸）其志，犹将不忘百姓之病也。其忧思有如此者。

患难相死也，久相待也，远相致也。

儒有澡身而浴德，陈言而伏。……世治不轻，世乱不沮。同弗与，异弗非也。其特立独行有如此者。

儒有上不臣天子，下不事诸侯，慎静而尚宽，强毅以与人……砥厉廉隅。虽分国，如锱铢。……其规为有如此者。

这就都是超过那柔顺的儒风，建立那刚毅威严、特立独行的新儒行了。

以上述孔子改造的新儒行：他把那有部落性的殷儒扩大到那"仁以为己任"的新儒；他把那亡国遗民的柔顺取容的殷儒抬高到那弘毅进取的新儒。这真是"振衰而起儒"的大事业。

六、论孔子与老子的关系

我们现在可以谈谈"儒"与"道"的历史关系了。同时也可以谈谈孔子与老子的历史关系了。

"道家"一个名词不见于先秦古书中,在《史记》的《陈平世家》《魏其武安侯列传》《太史公自序》里我们第一次见着"道家"一个名词。司马谈父子所谓"道家",乃是一个"因阴阳之大顺,采儒墨之善,撮名法之要"的混合学派。因为是个混合折衷的学派,他的起源当然最晚,约在战国的最后期与秦汉之间。这是毫无可疑的历史事实。(我别有论"道家"的专文)

最可注意的是秦以前论学术派别的,没有一个人提到那个与儒墨对立的"道家"。孟子在战国后期论当时的学派,只说"逃墨必归于杨,逃杨必归于儒"。韩非死在秦始皇时,他也只说"世之显学,儒墨也"。

那么,儒墨两家之外,那极端倾向个人主义的杨朱可以算是自成一派,其余的许多思想家——老子,庄周,慎到,田骈,驺衍等——都如何分类呢?

依我的看法,这些思想家都应该归在儒墨两大系之下。

宋牼、尹文、惠施、公孙龙一些人都应该归于"墨者"一个大系之下。宋牼（宋钘）、尹文主张"见侮不辱，救民之斗；禁攻寝兵，救世之战"，他们正是墨教的信徒。这是显而易见的。惠施主张"泛爱万物"，又主张齐梁两国相推为王，以维持中原的和平，公孙龙到处劝各国"偃兵"，这也是墨教的遗风。至于他们的名学和墨家的名学也有明显的渊源关系，那更是容易看出的。

其余的许多思想家，无论是齐鲁儒生，或是燕齐方士，在先秦时代总称为"儒"，都属于"儒者"的一大系。所以齐宣王招致稷下先生无数，而《盐铁论》泛称为"诸儒"；所以秦始皇坑杀术士，而世人说他"坑儒"。《庄子·说剑》篇（伪书）也有庄子儒服而见赵王的传说。

老子也是儒。儒的本义为柔，而《老子》书中的教义正是一种"宽柔以教，不报无道"的柔道。"弱之胜强，柔之胜刚，天下莫不知，莫能行。""上善若水，水利万物而不争。""夫唯不争，故天下莫与之争。""报怨以德。""强梁者不得其死。""曲则全，枉则直，洼则盈。"……这都是最极端的"犯而不校"的人生观。如果"儒，柔也"的古训是有历史意义的，那么，老子的教义正代表儒的古义。

我们试回想到前八世纪的正考父的鼎铭，回想到《周易》里"谦""损""坎""巽"等等教人柔逊的卦爻词，回想到曾子说的"昔者吾友尝从事"的"犯而不校"，回想到《论语》里讨论的"以德报怨"的问题——我们不能不承认这种柔逊谦卑的人

六、论孔子与老子的关系

生观正是古来的正宗儒行。孔子早年也从这个正宗儒学里淘炼出来,所以曾子说:

> 以能问于不能,以多问于寡;有若无,实若虚;犯而不校:昔者吾友尝从事于斯矣。

后来孔子渐渐超过了这个正统遗风,建立了那刚毅弘大的新儒行,就自成一种新气象。《论语》说:

> 或曰:"以德报怨,何如?"
>
> 子曰:"何以报德?——以直报怨,以德报德。"

这里"或人"提出的论点,也许就是老子的"报怨以德",也许只是那个柔道遗风里的一句古训。这种柔道,比"不报无道"更进一层,自有大过人处,自有最能感人的魔力,因为这种人生观的基础是一种大过人的宗教信心——深信一个"无力而无为""不争而善胜"的天道。但孔子已跳过了这种"过情"的境界,知道这种违反人情的极端教义是不足为训的,所以他极力回到那平实中庸的新教义:"以直报怨,以德报德"。

这种讨论可以证明孔子之时确有那种过情的柔道人生观。信《老子》之书者,可以认为当时已有《老子》之书或老子之教的证据。即有尚怀疑《老子》之书者,他们若平心想想,也决不能否认当时实有"犯而不校"的柔道,又实有"以德报怨"的更透进一层的柔道。如果连这种重要证据都要抹煞,硬说今本《老子》里的柔道哲学乃是战国末年世故已深时宋钘、尹文的思想的余波,那种人的固执是可以惊异的,他们的理解是不足取法的。

还有那个孔子问礼于老聃的传说,向来怀疑的人都学韩愈的看法，说这是老子一派的人要自尊其学，所以捏造"孔子，吾师之弟子也"的传说（姚际恒《礼记通论》论《曾子问》一篇说，"此为老庄之徒所作无疑"）。现在依我们的新看法，这个古传说正可以证明老子是个"老儒"，是一个殷商老派的儒。

关于孔子见老子的传说，约有几组材料的来源：

（1）《礼记》的《曾子问》篇，孔子述老聃论丧礼四事。

（2）《史记·孔子世家》记南宫敬叔与孔子适周问礼，"盖见老子云"一段。

（3）《史记·老庄申韩列传》，"孔子适周，将问礼于老子，老子曰……"一段。

（4）《庄子》中所记各段。

我们若依这个次序比较这四组的材料，可以看见一个最可玩味的现象，就是老子的人格的骤变，从一个最拘谨的丧礼大师，变到一个最恣肆无礼的出世仙人。最可注意的是《史记》两记此事，在《孔子世家》里老子还是一个很谦恭的柔道学者，而在《老子列传》里他就变做一个盛气拒人的狂士了。这个现象，其实不难说明。老子的人格变化只代表各时期的人对于老子的看法不同。作《曾子问》的人绝对不曾梦见几百年后的人会把老聃变成一个谩骂无礼的狂士，所以他只简单的记了老聃对于丧礼的几条意见。这个看法当然是最早的，因为，如果《曾子问》真是后世"老庄之徒所作"，请问，这班"老庄之徒"为什么要把老子写成这样一个拘谨的丧礼专门大师呢？若如姚际恒所说，《曾子问》全书是"老庄之徒所作无疑"，那么，这班"老

六、论孔子与老子的关系

庄之徒"捏造了这五十条丧礼节目的讨论,插入了四条老聃的意见,结果反把老聃变成了一个儒家丧礼的大师,这岂不是"赔了夫人又折兵"的大笨事吗?——这类的说法既说不通了,我们只能承认那作《曾子问》的人生在一个较早的时期,只知道老子是一位丧礼大师,所以他老老实实的传述了孔子称引老聃的丧礼意见。这是老孔没有分家的时代的老子。

司马迁的《孔子世家》是《史记》里最谨慎的一篇,所以这一篇记孔子和老子的关系也还和那最早的传说相去不远:

> (孔子)适周问礼,盖见老子云。辞去,而老子送之曰:"吾闻富贵者送人以财,仁人者送人以言。吾不能富贵,窃仁人之号,送子以言曰:'聪明深察而近于死者,好议人者也。博辩广大危其身者,发人之恶者也。为人子者,毋以有己;为人臣者,毋以有己。'"

这时代的人已不信老子是个古礼专家了,所以司马迁说"适周问礼,盖见老子云",这已是很怀疑的口气了。但他在这一篇只采用了这一段临别赠言,这一段话还把老子看作一个柔道老儒,还不是更晚的传说中的老子。

到了《老庄列传》里,就大不同了!

> 孔子适周,将问礼于老子。老子曰:"子所言者,其人与骨皆已朽矣。独其言在耳。……"

这就是说,孔子"将"要问礼,就碰了一个大钉子,开不得口。这就近于后世传说中的老子了。

至于《庄子》《列子》书中所记孔子见老子的话,离最古的传说更远，其捏造的时代更晚，更不用说了。如果老子真是那样一个倨傲谩骂的人，而孔子却要借车借马远道去"问礼"，他去碰钉子挨骂，岂非活该！

总之，我们分析孔子问礼于老子的传说，剥除了后起的粉饰，可以看出几个要点：

（1）古传说认老子为一个知礼的大师。这是问礼故事的中心，不可忽视。

（2）古传说记载老子是一位丧礼的专家。《曾子问》记孔子述他的礼论四条，其第二条最可注意：

> 孔子曰："昔者吾从老聃助葬于巷党，及堩，日有食之。"老聃曰："丘止柩就道右，止哭以听变，既明反而后行。"曰："礼也。"反葬而丘问之曰："夫柩不可以反者也。日有食之，不知其已之迟数，则岂如行哉？"老聃曰："诸侯朝天子，见日而行，逮日而舍奠。大夫使，见日而行，逮日而舍。夫柩不蚤出，不莫宿。见星而行者，唯罪人与奔父母之丧者乎？日有食之，安知其不见星也？且君子行礼，不以人之亲痁患。"吾闻诸老聃云。

这种议论，有何必要而须造出一个老师的权威来作证？岂非因为老聃本是一位丧礼的权威，所以有引他的必要吗？

（3）古传说里，老子是周室的一个"史"：《老子列传》说他是"周守藏室之史"，《张汤列传》说他是"柱下史"。史是宗教的官，也需要知礼的人。

（4）古传说又说他在周，成周本是殷商旧地，遗民所居。（古传说又说他师事商容——一作常枞，汪中说为一人——可见古说总把他和殷商文化连在一块，不但那柔道的人生观一项而已。）

这样看来，我们更可以明白老子是那正宗老儒的一个重要代表了。

聪明的汪中（《述学》补遗，《老子考异》）也承认《曾子问》里的老聃是"孔子之所从学者，可信也"。但他终不能解决下面的疑惑：

> 夫助葬而遇日食，然且以见星为嫌，止柩以听变，其谨于礼也如是。至其书则曰："礼者，忠信之薄而乱之首也。"下殇之葬，称引周、召、史佚，其尊信前哲也如是（此一条也见《曾子问》）。而其书则曰："圣人不死，大盗不止。"彼此乖违甚矣。故郑注谓"古寿考者之称"，黄东发《日钞》亦疑之，而皆无以辅其说。（汪中列举三疑，其他二事不甚重要，今不论。）

博学的汪中误记了《庄子》伪书里的一句"圣人不死，大盗不止"，硬说是《老子》里的赃物！我们不能不替老子喊一声冤枉。《老子》书里处处抬高"圣人"作个理想境界，全书具在，可以覆勘。所以汪中举出的两项"乖违"，其一项已不能成立了。其他一项，"礼者，忠信之薄，而乱之首"，正是深知礼制的人的自然的反动，本来也没有可疑之处。博学的汪中不记得《论语》里的同样主张吗？孔子也说过：

> 人而不仁，如礼何？人而不仁，如乐何？

又说过：

礼云，礼云，玉帛云乎哉？乐云，乐云，钟鼓云乎哉？

《论语》又有两条讨论"礼之本"的话：

林放问礼之本。子曰："大哉问！礼，与其奢也，宁俭。丧，与其易也，宁戚"（说详上文第三章）

子夏问曰："'巧笑倩兮，美目盼兮，素以为绚兮'，何谓也？"子曰："绘事后素。"曰："礼后乎？"子曰："启予者商也，始可与言诗已矣。"

《檀弓》述子路引孔子的话，也说：

丧礼，与其哀不足而礼有余也，不若礼不足而哀有余也。祭礼，与其敬不足而和有余也，不若礼不足而敬有余也。

这样的话，都明明的说还有比"礼"更为根本的在，明明的说礼是次要的（"礼后"），正可以解释老子"礼者忠信之薄而乱之首"的一句话。老子、孔子都是深知礼意的大师，所以他们能看透过去，知道"礼之本"不在那礼文上。孔子看见季氏舞八佾，又旅于泰山，也跳起来，叹口气说："呜呼！曾谓泰山不如林放乎！"后世的权臣，搭起禅让台来，欺人寡妇孤儿，抢人的天下，行礼已毕，点头赞叹道："舜禹之事，吾知之矣！"其实那深知礼意的老聃、孔丘早已看透了《檀弓》里还记一位鲁人周丰对鲁哀公说的话：

殷人作誓而民始畔，周人作会而民始疑。苟无礼义忠信诚悫之心以莅之，虽固结之，民其不解乎？

六、论孔子与老子的关系

这又是老子的话的注脚了。

总之依我们的新看法,老子出在那个前六世纪,毫不觉得奇怪。他不过是代表那六百年来以柔道取容于世的一个正统老儒,他的职业正是殷儒相礼助葬的职业,他的教义也正是《论语》里说的"犯而不校""以德报怨"的柔道人生观。古传说里记载着孔子曾问礼于老子,这个传说在我们看来,丝毫没有可怪可疑之点。儒家的书记载孔子"从老聃助葬于巷党",这正是最重要的历史证据,和我们上文说的儒的历史丝毫没有矛盾冲突。孔子和老子本是一家,本无可疑。后来孔老的分家,也丝毫不足奇怪。老子代表儒的正统,而孔子早已超过了那正统的儒。老子仍旧代表那随顺取容的亡国遗民的心理,孔子早已怀抱着"天下宗予"的东周建国的大雄心了。老子的人生哲学乃是千百年的世故的结晶,其中含有绝大的宗教信心——"常有司杀者杀""天网恢恢,疏而不失"——所以不是平常一般有血肉骨干的人所能完全接受的。孔子也从这种教义里出来。他的性情人格不容许他走这条极端的路,所以他渐渐回到他所谓"中庸"的路上去,要从刚毅进取的方面造成一种能负荷全人类担子的人格。这个根本上有了不同,其他教义自然都跟着大歧异了。

那个消极的柔儒要"损之又损,以至于无";而这个积极的新儒要"学如不及,犹恐失之""学而不厌,诲人不倦"。那个消极的儒对那新兴的文化存着绝大的怀疑,要人寡欲绝学,回到那"无知无欲"的初民状态;而这个积极的儒却讴歌那"郁郁乎文哉"的周文化,大胆的宣言:"吾从周!"那个消极的儒要人和光同尘，泯灭是非与善恶的执着；而这个刚毅的新儒却要人"无求生以害仁，有杀身以成仁"，要养成一种"笃信好学，守死善道""造次必于是，颠沛必于是"的人格。

在这个新儒的运动卓然成立之后，那个旧派的儒就如同满天的星斗在太阳的光焰里，存在是存在的，只是不大瞧得见了。可是，我们已说过，那柔道的儒，尤其是老子所代表的柔道，自有他的大过人处，自有他的绝坚强的宗教信心，自有他的深于世故的人生哲学和政治态度。这些成分，初期的孔门运动并不曾完全抹煞：如孔子也能欣赏那"宽柔以教，不报无道"的柔道，也能尽量吸收那倾向自然主义的天道观念，也能容纳那无为的政治理想。所以孔老尽管分家，而在外人看来——例如从墨家看来——他们都还是一个运动、一个宗派。试看墨家攻击儒家的四大罪状：

儒之道足以丧天下者四政焉：儒以天为不明，以鬼为不神，天鬼不说，此足以丧天下。又厚葬久丧……此足以丧天下。又弦歌鼓舞，习为声乐，此足以丧天下。又以命为有，贫富，寿夭，治乱，安危有极矣，不可损益也。为上者行之，必不听治矣；为下者行之，必不从事矣。此足以丧天下。《墨子·公孟》篇）

我们试想想，这里的第一项和第四项是不是把孔老都包括在里面？所谓"以天为不明，以鬼为不神"，现存的孔门史料都没有这种极端言论，而《老子》书中却有"天地不仁""其鬼不神"的话。儒家（包括孔老）承认天地万物都有一定的轨迹，如老子说的自然无为，如孔子说的"天何言哉？四时行焉，百物生焉"，这自然是社会上的常识积累进步的结果。相信一个"无为而无不为"的天道,即是相信一个"莫之为而为"的天命——这是进一步的宗教信心。所以老子、孔子都是一个知识进步的时代的宗教家。但这个进步的天道观念是比较的太抽象了,不是一般民众都能了解的,也不免时时和民间祈神事鬼的旧宗教习惯相冲突。既然相信一个"独立而不改,周行而不殆"的天道,当然不能相信祭祀事神可以改变事物的趋势了。孔子说:

获罪于天,无所祷也。

又说:

敬鬼神而远之。

老子说:

以道莅天下,其鬼不神。

《论语》又记一事最有意味:

子疾病,子路请祷。子曰:"有诸?"子路对曰:"有之。诔曰:'祷尔于上下神祇。'"子曰:"丘之祷久矣。"

子路尚且不能了解这个不祷的态度,何况那寻常民众呢?在这些方面,对于一般民间宗教,孔老是站在一条战线上的。

我们在这里,还可以进一步指出老子、孔子代表的儒,以及后来分家以后的儒家与道家,所以都不能深入民间,都只能成为长袍阶级的哲学,而不能成为影响多数民众的宗教,其原因也正在这里。

汪中曾怀疑老子若真是《曾子问》里那个丧礼大师,何以能有"礼者忠信之薄而乱之首"的议论。他不曾细细想想,儒家讲丧礼和祭礼的许多圣贤，可曾有一个人是深信鬼神而讲求祭葬礼文的？我们研究各种礼经礼记，以及《论语》《檀弓》等书，不能不感觉到一种最奇怪的现状：这些圣人贤人斤斤的讨论礼文的得失，无论是拜上或拜下，无论是麻冕或纯冕，无论是经裘而吊或袭裘而吊，甚至于无论是三年之丧或一年之丧，他们都只注意到礼文应该如何如何，或礼意应该如何如何，却全不谈到那死了的人或受吊祭的鬼神！他们看见别人行错了礼，只指着那人嘲笑道：

夫夫也！为习于礼者！

他们要说某项节文应该如何做，也只说：

礼也。

就是那位最伟大的领袖孔子也只能有一种自己催眠自己的祭祀哲学：

祭如在；祭神如神在。

这个"如"的宗教心理学，在孔门的书里发挥的很详尽。《中庸》说：

斋明盛服以承祭祀，洋洋乎如在其上，如在其左右。

《祭义》说的更详细：

斋之日，思其居处，思其笑语，思其志意，思其所乐，思其所嗜。斋三日，乃见其所为斋者。祭之日，入室，僾然必有见乎其位；周还出户，肃然必有闻乎其容声；出户而听，忾然必有闻乎其叹息之声。

这是用一种精神作用极力催眠自己，要自己感觉得那受祭的人"如在"那儿。这种心理状态不是人人都训练得到的,更不是那些替人家治丧相礼的职业的儒所能做到的。所以,我们读《檀弓》所记,以及整部《仪礼》《仪记》所记,都感觉一种不真实的空气。《檀弓》里的圣门弟子也都好像《士丧礼》里的夏祝、商祝,都只在那里唱戏做戏,台步一步都不错,板眼一丝都不乱——虽然可以博得"吊者大悦",然而这里面往往没有一点真的宗教感情。就是那位气度最可爱的孔子,也不过能比一般职业的相礼祝人忠厚一等而已:

> 子食于有丧者之侧,未尝饱也。
>
> 丧事不敢不勉,不为酒困。
>
> 子于是日哭,则不歌。

这种意境都只是体恤生人的情绪,而不是平常人心目中的宗教态度。

所以我们读孔门的礼书,总觉得这一班知礼的圣贤很像基督教《福音书》里耶稣所攻击的犹太"文士"(Scribes)和"法利赛人"(Pharisees)。("文士"与"法利赛人"都是历史上的派别名称,本来没有贬意。因为耶稣攻击过这些人,欧洲文字里就留下了不能磨灭的成见,这两个名词就永远带着一种贬意。我用这些名词,只用他们原来的历史意义,不含贬议。)(天主教新译的《福音》皆译作"经师"和"法利塞人"。"经师"之名远胜于"文士"。适之。)犹太的"文士"和"法利赛人"都是精通古礼的,都是"习于礼"的大师,都是犹太人的"儒"。耶稣所以不满意于他们,只是因为他们熟于典礼条文,而没有真挚的宗教情感。中国古代的儒，在知识方面已超过了那民众的宗教，而在职业方面又不能不为民众做治丧助葬的事，所以他们对于丧葬之礼实在不能有多大的宗教情绪。老子已明白承认"礼者忠信之薄而乱之首"了，然而他还是一个丧礼大师，还不能不做相丧助葬的职业。孔子也能看透"丧与其易也宁戚"了，然而他也还是一个丧礼大师，也还是"丧事不敢不勉"。他的弟子如"堂堂乎"的子张也已宣言"祭思敬，丧思哀，其可已矣"了，然而他也不能不替贵族人家做相丧助葬的事。苦哉！苦哉！这种智识与职业的冲突，这种理智生活与传统习俗的矛盾，就使这一班圣贤显露出一种很像不忠实的俳优意味。

我说这番议论，不是责备老孔诸人，只是要指出一件最重要的历史事实。"五百年必有圣者兴"，民间期望久了，谁料那应运而生的圣者却不是民众的真正领袖：他的使命是民众的"弥赛亚"，而他的理智的发达却接近那些"文士"与"法利赛人"。他对他的弟子说：

　　未能事人，焉能事鬼？

　　未知生，焉知死？

他的民族遗传下来的职业使他不能不替人家治丧相礼，正如老子不能不替人家治丧相礼一样。但他的理智生活使他不能不维持一种严格的存疑态度：

　　知之为知之，不知为不知，是知也。

这种基本的理智的态度就决定了这一个儒家运动的历史的使命了。这个五百年应运而兴的中国"弥赛亚"的使命是要做中国的"文士"阶级的领导者,而不能直接做那多数民众的宗教领袖。他的宗教只是"文士"的宗教,正如他的老师老聃的宗教也只是"文士"的宗教一样。他不是一般民众所能了解的宗教家。他说:

> 君子不忧不惧。内省不疚,夫何忧何惧!

他虽然在那"吾从周"的口号之下,不知不觉的把他的祖先的三年丧服和许多宗教仪节带过来,变成那殷周共同文化的一部分了,然而那不过是殷周民族文化结婚的一份陪嫁妆奁而已。他的重大贡献并不在此,他的心也不在此,他的历史使命也不在此。他们替这些礼文的辩护只是社会的与实用的,而不是宗教的"慎终追远,民德归厚矣"。所以他和他的门徒虽然做了那些丧祭典礼的传人,他们始终不能做民间的宗教领袖。

民众还得等候几十年,方才有个伟大的宗教领袖出现。那就是墨子。

墨子最不满意的就是那些儒者终生治丧相礼,而没有一点真挚的尊天信鬼的宗教态度。上文所引墨者攻击儒者的四大罪状,最可以表现儒墨的根本不同。《墨子·公孟篇》说:

> 公孟子曰:"无鬼神。"又曰:"君子必学祭祀。"

这个人正是儒家的绝好代表:他一面维持他的严格的理智态度,一面还不能抛弃那传统的祭祀职业。这是墨子的宗教热诚所最不能容忍的。所以他驳他说:

> 执无鬼而学祭礼,是犹无客而学客礼也,是犹无鱼而为鱼罟也。

懂得这种思想和"祭如在"的态度的根本不同,就可以明白墨家所以兴起和所以和儒家不相容的历史的背景了。

二十三,三,十五开始写此文
二十三,五,十九夜写成初稿

(1934年《国立中央研究院历史语言研究所集刊》第四本第三分)

附：《说儒》前史

周东封与殷遗民

傅斯年

【此我所著《古代中国与民族》一书中之一章也。是书经始于五年以前,至民国二十年夏,写成者将三分之二矣。日本侵辽东,心乱如焚,中辍者数月。以后公私事纷至,继以大病,至今三年。未能杀青,惭何如之!此章大约写于十九年冬,或二十年春,与其他数章于二十年十二月持以求正于胡适之先生。适之先生谬为称许,嘱以送刊于北大《国学季刊》。余以此文所论多待充实,逡巡未果。今春适之先生已于同一道路上作成丰伟之论文,此文更若爝火之宜息矣。而适之先生勉以同时刊行,俾读者有所参考。今从其命,并志同声之欣悦焉。二十三年六月。】

商朝以一个六百年的朝代、数千里的大国,在其亡国前不久帝乙时,犹是一个强有兵力的组织,而初亡之后,王子禄父等依然能一次一次地反抗周人,何以到周朝天下事大定后,封建者除区区二三百里之宋,四围以诸姬环之以外,竟不闻商朝遗民尚保存何部落,何以亡得那么干净呢?那些商殷遗民,除以"顽"而迁洛邑者外,运命是怎么样呢?据《逸周书·世俘篇》,"武王遂征四方，凡憝国九十有九国，馘磨亿有十万七千七百七十有九，俘人三亿万有二百三十，凡服国六百五十有二"。果然照这样子"憝"下去，再加以周公、成王之"善继人之志，善述人之事"，真可以把殷遗民"憝"完。不过那时候的农业还不曾到铁器深耕的时代，所以绝对没有这么许多人可"憝"、可"馘磨"，所以这话竟无辩探的价值，只是战国人的一种幻想而已。且佶屈聱牙的《周诰》上明明记载周人对殷遗是用一种相当的怀柔政策，而近发见之"白懋父敦盖"中央研究院历史语言研究所藏器。记"王命伯懋父以殷八启征东夷"。然则周初东征的部队中当不少有范文虎、留梦炎、洪承畴、吴三桂一流的汉奸。周人以这样一个"臣妾之"之政策，固速成其王业，而殷民藉此亦可延其不尊荣之生存。《左传》定四年记周以殷遗民作东封，其说如下：

昔武王克商，成王定之，选建明德，以藩屏周。故周公相王室，以尹天下，于周为睦。分鲁公以大路，大旂，夏后氏之璜，封父之繁弱；殷民六族，条氏，徐氏，萧氏，索氏，长勺氏，尾勺氏，使帅其宗氏，辑其分族，将其类丑，以法则周公，用即命于周。是使之职事于鲁，以昭周公之明德。分之土田陪敦，祝宗卜史，备物典策，官司彝器。因商奄之民，命以伯禽，而封于少皞之虚。分康叔以大路。少帛，綪茷，旃旌，大吕；殷民七族，陶氏，施氏，繁氏，锜氏，樊氏，饥氏，终葵氏。封畛土略，自武父以南，及圃田之北竟，取于有阎之士，以共王职，取于相土之东都，以会王之东蒐。聃季授土，陶叔授民。命以《康诰》，而封于殷虚。皆启以商政，疆以周索。分唐叔以大路，密须之鼓，阙巩，沽洗，怀姓九宗，职官五正。命以《唐诰》，而封于夏虚。启以夏政，疆以戎索。

可见鲁卫之国为殷遗民之国，晋为夏遗民之国，这里说得清清楚楚。所谓"启以商政疆以周索"者，尤显然是一种殖民地政策，虽取其统治权，而仍其旧来礼俗，故曰"启以商政疆以周索"。这话的绝对信实更有其他确证。现分述鲁、卫、齐三国之情形如下：

鲁。《春秋》及《左传》有所谓"亳社"者，是一件很重要的事。"亳社"屡见于《春秋经》。以那样一个简略的二百四十年间之"断烂朝报"，所记皆是戎祀会盟之大事，而"亳社"独占一位置，则"亳社"在鲁之重要可知。且《春秋》记"亳社《公羊》作蒲社。灾"在哀四年，去殷商之亡已六百余年，已与现在去南宋之亡差不多。共和前无确切之纪年，姑据《通鉴外纪》，自武王元年至哀四年为六百三十一年。宋亡于祥兴二年（一二七九），去中华民国二十年（一九三一）凡六百五十二年。相差甚微。"亳社"在殷亡国后六百余年犹有作用，是甚可注意之事实。且《左传》所记"亳社"中有两事尤关重要。哀七，"以邾子益来献于亳社"，杜云，"以其亡国与殷同"。此真谬说。邾于殷为东夷，此等献俘，当与宋襄公"用鄫子于次睢之社，欲以属东夷"一样，周人诒殷鬼而已。又定六年，"阳虎又盟公及三桓于周社，盟国人于亳社"。这真清清楚楚指示我们：鲁之统治者是周人，而鲁之国民是殷人。殷亡六七百年后之情形尚如此,则西周时周人在鲁不过仅是少数的统治者,犹钦察汗金骑之于俄罗斯诸部,当更无疑问。

　　说到这里,有一件很重要的事当附带着说。孔子所代表之儒家,其地理的及人众的位置在何处,可以借此推求。以儒家在中国文化进展上的重要,而早年儒教的史料仅仅《论语》《檀弓》《孟子》《荀子》几篇,使我们对于这个宗派的来源不明了,颇是一件可惜的事。孙星衍重修之《孔子集语》,材料虽多,几乎皆不可用。《论语》与《檀弓》,在语言上有一件特征,即"吾""我""尔""汝"之分别颇显:此为胡适之先生之重要发现。《庄子·齐物》等篇亦然。《檀弓》与《论语》既为一系,且看《檀弓》中孔子自居殷人之说于《论语》有证否。

　　(《檀弓》)孔子蚤作,负手曳杖消摇于门,歌曰:"泰山其颓乎?梁木其坏乎?哲人其萎乎?"既歌而入,当户而坐。子贡闻之,曰:"泰山其颓,则吾将安仰?梁木其坏,哲人其萎,则吾将安放?夫子殆将病也。"遂趋而入。夫子曰:"赐,尔来何迟也?夏后氏殡于东阶之上,则犹在阼也。殷人殡于两楹之间,则与宾主夹之也。周人殡于西阶之上,则犹宾之也。而丘也,殷人也。予畴昔之夜梦坐奠于两楹之间。夫明王不兴,而天下其孰能宗予?予殆将死也!"盖寝疾七日而没。

　　这话在《论语》上虽不曾重见,《檀弓》中有几段与《论语》同的。然《论语》《檀弓》两书所记孔子对于殷周两代之一视同仁态度,是全然一样的。

（《论语》）行夏之时，乘殷之辂，服周之冕，乐则韶舞。

殷因于夏礼，所损益，可知也。周因于殷礼，所损益，可知也。其或继周者，虽百世可知也。

周监于二代，郁郁乎文哉！吾从周。

夏礼，吾能言之，杞不足征也；殷礼，吾能言之，宋不足征也。文献不足故也，足则吾能征之矣。

（《檀弓》）殷既封而吊，周反哭而吊。孔子曰："殷已悫，吾从周。"

殷练而祔，周卒哭而祔。孔子善殷。（此外《檀弓》篇中记三代异制而折衷之说甚多，不备录。）

这些话都看出孔子对于殷周一视同仁。殷为胜国，周为王朝，却毫无宗周之意。所谓从周，正以其"后王灿然"之故，不曾有他意。再看孔子是否有矢忠于周室之心。

（《论语》）公山弗扰以费畔，召，子欲往。子路不说，曰："末之也已，何必公山氏之之也？"子曰："夫召我者而岂徒哉？如有用我者，吾其为东周乎？"（《阳货》章。又同章：佛肸召，子欲往。）

子畏于匡，曰："文王既没，文不在兹乎？天之将丧斯文也，后死者不得与于斯文也。天之未丧斯文也，匡人其如予何？"

这话直然要继衰周而造四代。虽许多事要以周为师，却绝不以周为宗，公羊家义所谓"故宋"者，证以《论语》，当是儒家之本原主义。然则孔子之请讨弑君,只是欲维持当时的社会秩序。孔子之称管仲,只是称他曾经救了文明,免其沉沦。所有"丕显文武"一类精神的话语,不曾说过一句,而明说"其或继周者"。曾国藩一辈人传檄讨太平天国,只是护持儒教与传统之文明,无一句护持满洲,颇与此类。又孔子但是自比于老彭,老彭是殷人;又称师挚,亦殷人;称高宗不冠以殷商字样,直曰"书曰";称殷三仁,尤有余音绕梁之趣,颇可使人疑其有"故国旧墟""王孙芳草"之感。此皆出于最可信的关于孔子之史料,而这些史料统计起来是这样,则孔子儒家与殷商有一种密切之关系可以晓然。

尤有可以证成此说者,即三年之丧之制。如谓此制为周之通制,则《左传》《国语》所记周人之制毫无此痕迹。孟子鼓动滕文公行三年之丧,而滕国卿大夫说:"吾先君莫之行,吾宗国鲁先君亦莫之行也。"这话清清楚楚证明三年之丧非周礼。然而《论语》上记孔子曰:"夫三年之丧,天下之通丧也。"这话怎讲?孔子之天下,大约即是齐、鲁、宋、卫,不能甚大,可以"登泰山而小天下"为证。然若如"改制托古"者之论,此话非删之便须讳之,实在不是办法。唯一可以解释此困难者,即三年之丧,在东国,在民间,有相当之通行性,盖殷之遗礼,而非周之制度。当时的"君子,即统治者。三年不为礼,礼必坏;三年不为乐,乐必崩",而士及其相近之阶级,则渊源有自,齐以殷政者也。试看关于大孝,三年之丧,及丧后三年不做事之代表人物,如太甲、高宗、孝已,皆是殷人,而"君薨,百官总己以听于冢宰者三年",全不见于周人之记载。说到这里,有《论语》一章,向来不得其解者，似可以解之：

> 子曰："先进于礼乐，野人也；后进于礼乐，君子也。如用之，则吾从先进。"

此语作何解？汉、宋诂经家说皆迂曲不可通。今释此语，须先辩其中名词含义若何。"野人"者，今俗用之以表不开化之人。此为甚后起之义。《诗》："我行其野，芃芃其麦"，明野为农田。又与《论语》同时书之《左传》，记僖二十三年，"晋公子重耳……出于五鹿，乞食于野人。野人与之块。"然则野人即是农夫，孟子所谓"齐东野人"者，亦当是指农夫。彼时齐东开辟已甚，已无荒野。且孟子归之于齐东野人之尧与瞽瞍北面朝舜，舜有惭色之一件文雅传说，亦只能是田亩间的故事，不能是深山大泽中的神话。孟子说到"与木石居，与鹿豕游"，便须加深山于野人之上，方足以尽之。《孟子·尽心章》："其所以异于深山之野人者，几希。"可见彼时所谓野人，非如后人用之以对"斯文"而言。《论语》中君子有二义，一谓卿大夫阶级，即统治阶级，二谓合于此阶级之礼度者。此处所谓君子者，自当是本义。先进后进自是先到后到之义。礼乐自是泛指文化，不专就玉帛钟鼓而言。名词既定。试翻做现在的话，如下：

> 那些先到了开化的程度的，是乡下人；那些后到了开化程度的，是"上等人"。如问我何所取，则我是站在先开化的乡下人一边的。

先开化的乡下人自然是殷遗，后开化的上等人自然是周宗姓婚姻了。

宋、卫。宋为商之转声，卫之名卫由于豕韦。宋为商之宗邑，韦自汤以来为商属。宋之立国始于微子，固是商之子遗。卫以帝乙帝辛之王都，康叔以殷民七族而立国。此两处人民之为殷遗，本不待论。

齐。齐民之为殷遗有二证。一，《书序》："成王既践奄，将迁其君于蒲姑。周公告召公，作《将蒲姑》。"《左传》昭九："王使詹伯辞于晋曰，'蒲姑商奄，吾东土也。'"又昭二十，晏子对景公曰："昔爽鸠氏始居此地。季荝因之，有逢伯陵因之，蒲姑氏因之，而后太公因之。"《汉书·地理志》云："齐地殷末有薄姑氏，至周成王时，薄姑与四国共作乱，成王灭之，以封师尚父。"二，请再以齐宗教为证。王静安曰："曰'贞方帝卯一牛之南□'，曰'贞彡袞于东'，曰'己巳卜王袞于东'，曰'袞于西'，曰'贞袞于西'，曰'癸酉卜中贞三牛'。曰'方帝'，曰'东'，曰'西'，曰'中'，疑即五方帝之祀矣"。增订《殷墟书契考释》下六十页。然则《荀子》所谓"按往旧造说谓之五行"者，其所由来久远，虽是战国人之推衍，并非战国人之创作，此一端也。周人逐纣将飞廉于海隅而戮之，飞廉在民间故事中曰黄飞虎。黄飞虎之祀，至今在山东与玄武之祀同样普遍。太公之祀不过偶然有之，并且是文士所提倡，不与民间信仰有关系。我们可说至今山东人仍祭商朝的文信国、郑延平，此二端也。至于亳之在山东，泰山之有汤迹，前章中已详论，今不更述。

然则商之宗教，其祖先崇拜在鲁独发展，而为儒学，其自然崇拜在齐独发展，而为五行方士，各得一体，派衍有自。试以西洋史为比：

西罗马之亡，帝国旧土分为若干蛮族封建之国。然遗民之数远多于新来之人，故经千余年之紊乱，各地人民以方言之别而成分化，其居意大利，法兰西，西班牙半岛，意大利西南部二大岛，以及多瑙河北岸。今罗马尼亚国者，仍成拉丁民族，未尝为日耳曼人改其文化的、语言的、民族的系统。地中海南岸，若非因亚拉伯人努力其宗教之故，恐至今仍在拉丁范围中。遗民之不以封建改其民族性也如是。商朝本在东方，西周时东方或以被征服而暂衰，入春秋后文物富庶又在东方，而鲁宋之儒墨，燕齐之神仙，惟孝之论，五行之说，又起而主宰中国思想者二千余年。然则谓殷商为中国文化之正统，殷遗民为中国文化之重心，或非孟浪之言。战国学者将一切神话故事充分的伦理化、理智化，于是不同时代不同地方之宗神，合为一个人文的"全神堂"，遂有《皋陶谟》一类君臣赓歌的文学。在此全神堂中，居"敬敷五教"之任者，偏偏不是他人，而是商之先祖契，则商人为礼教宗信之寄象，或者不是没有根据的吧。

（1934年《国立中央研究院历史语言研究所集刊》第四本第三分）

毛西河论三年之丧为殷制

胡适

【我的朋友丁声树先生替我校读《说儒》的初印本,用力最勤。今年夏间他读《毛西河合集》,发现毛西河有三年丧为殷制之说,他很高兴,写信告诉我。我因他的指示,遍翻《毛西河合集》和《四书改错》,把他讨论这个问题的几条文字全抄出来,做一个附录。二十四,十,十四夜。】

一、孟子定三年之丧。(见毛奇龄《四书索解》卷一)

岁癸本(康熙四十二年,1703)春,陈缄庵编修以母丧请予作题主陪事。坐客各问丧礼。予曰:"仆亦有一问。滕文公以然友反命,定为三年之丧,岂三年丧制定自孟子耶?"

少顷,孝廉马素庵曰:"以战国久不行,而今行之,似更定也。"曰:"不然。据父兄百官皆不欲,曰'吾宗国鲁先君莫行',是周公、伯禽不行也。'吾先君亦莫行',是滕叔绣亦不行也。此明指周初,非战国也。然且嗜嗜曰'至于子之身而反之',曰'丧祭从先祖',一似乎叛朝典,乱祖制者。岂狂言乎?"时一堂十二席五十余人,各嘿然如喑者。

次日，坐客有踵门来，复谓鲁先君不行，是近代先君，不是周公、伯禽也。不知此又出高头讲章之言，然亦非是也。鲁自春秋至战国，无不行三年丧者，僖公三十三年薨，文公二年纳币，相距再期，然犹以丧娶讥之。成公三年丧毕然后朝晋，胡氏犹以不如周刺其非礼。昭公居三年丧不哀，叔向曰："有三年之丧而无一日之戚。"则近代先君何尝不行？

且本文明曰"丧祭从先祖"。先祖者，始祖，非近代祖也。

二、滕文公问孟子始定为三年之丧。（见毛奇龄《四书剩言》卷三）

滕文公问孟子，始定为三年之丧，固是可怪。岂战国诸侯皆不行三年丧乎？若然，则齐宣欲短丧，何欤？然且曰"吾宗国鲁先君不行，吾先君亦不行"，则是鲁周公、伯禽、滕叔绣并无一行三年丧者。注者固瞶瞶，特不知天下学人何以皆耐之而并不一疑？此大怪事也。

予尝谓学贵通经，以为即此经可通彼经也。往读《论语》，子张问"高宗三年不言"，夫子曰："何必高宗？古之人皆然。"遂疑子张此问，夫子此答，其在周制，当必无此事可知。何则？子张以高宗为创见，而夫子又云"古之人"，其非今制昭然也。

及读《周书·康王之诰》，成王崩方九日，康王遽即位，冕服出命令，诰诸侯，与三年不言绝不相同。

然犹曰此天子事耳。后读《春秋传》，晋平初即位，即改服命官而通列国盟戒之事，始悟孟子所定三年之丧引三年不言为训，而滕文奉行，即又曰，"五月居庐，未有命戒"，皆是商以前之制，并非周制，周公所制礼，并无有此。故侃侃然曰，周公不行，叔绣不行，悖先祖，违授受，历历有词。而世读其书而通不察也。盖其云"定三年之丧"，谓定三年之丧制也。

然则孟子何以使行商制？曰，使滕行助法，亦商制也。

三、定为三年之丧。（见毛奇龄《四书改错》卷九）

《孟子·滕文公》篇《滕定公薨》章，朱子注云：

> 谓二国不行三年之丧者，乃其后世之失，非周公之法本然也。……引志之言而释其意，以为所以如此者，盖为上世以来有所传受，虽或不同，不可改也。然志所言，本谓先王之世，旧俗所传，礼文小异，而可以通行者耳。不谓后世失礼之甚者也。

此则周章之甚者。以三年之丧而谓定自孟子，则裁闻此语，便该吃惊。况父兄百官亦已多人，一齐曰，鲁先君莫行，滕先君莫行，则以周公造礼之人，与其母弟叔绣裁封国行礼之始，而皆莫之行，则无此礼矣。乃茫然不解，忽委其罪于后君，曰"后世之失"。夫后世，则春秋战国尽之矣。战国齐宣欲短丧，犹且不敢。若春秋则鲁僖以再期纳币，即讥丧娉。昭公居丧不哀，叔向便责其有三年之丧而无一日之戚。谁谓三年不行起于后世？况明曰"先君"，且明曰"从先祖"。先祖者，始祖也。

乃又依回其词，谓"上世以来，虽或不同。旧俗相传，礼文小异"。夫此无容有不同有小异者。试问其所云不同与小异者是几年与几个月，且是何等礼文，当分明指定。

尝于康熙癸未岁在杭州陈编修家作题主陪事，座客论丧礼，以此询之，一堂十二席，嘿若喑者。最后录其说入《四书索解》中，遍索解人，而终无一应。

不知此在本文自晓，读书者总为此注本作锢蔽耳。本文明云"君薨，听于冢宰，即位而哭"，而世子之行之者，即曰"五月居庐，未有命戒"，此非周制也。子张问"高宗谅阴，三年不言"，而不知所谓，则必近世无此事；而夫子告之以"古之人"，其非今制可知矣。及读《周书·康王之诰》，成王崩方九日，康王道即位，冕服出命令，告诸侯，然且居翼室而并不居庐与谅阴，与三年不言之制绝不相同。然犹曰此天子事耳。后读《春秋传》，晋平初即位，即改服命官，遽会溴梁，与列国通盟戒之事，始悟孟子所言与滕文所行皆是商以前之制，并非周制，在周公所制礼并无有此。故侃侃然曰，周公不行，叔绣不行，悖先典，违接受，历历有词。而世惑传注而总不察也。盖其云"定三年之丧"，谓定三年之丧制也。

然则孟子何以使行商制？曰，使滕行助法，亦商制也。

四、章甫（附）。（见毛奇龄《四书改错》卷六）

朱子注《论语·端章甫》云："章甫，礼冠。"

章甫，《注疏》谓诸侯朝服，固大错；《集注》谓是礼冠，亦错。考章甫，商冠也。以质素而反言曰章。孔子冠章甫而衣缝掖，《荀子·哀公问》儒者服章甫绚履，皆以拿陋为言。故《庄子》孔子冠枝木之冠，即章甫也。夫章甫何以为枝木？古者丧冠厌而不邸，惟吉冠必邸，如皮弁邸象类。今章甫邸以木枝，则拿陋已极，可谓之礼冠乎？然则赤之举此，正以夫子哂由故而谦言之也。

或曰,冠必与服配。端章甫者,以冠配服之称,犹衮衣配冕曰"衮冕",玄端配委貌冠曰"端委"也。冠既配端,岂非礼冠?曰,不然,端无配前代冠者。毋追,夏冠;委貌,周冠。冠必配昭代。故凡言配冠,必是委貌。泰伯端委而治吴,曼平仲端委立虎门,晋侯端委以入武宫,皆是也。世无称端毋追者,而端配章甫,则遍考诸书,惟此一称。得毋公西谦言或假前代冠以为不必然之事乎?如此,则直曰商冠已矣,何礼为?

(1935年《胡适论学近著》第一册)

三年丧服的逐渐推行

胡适

汉初几十年中,帝国的宗教上有一个最重大的变化,就是"以孝治天下"的观念成为国教的一部分。汉帝国的创立者多是无赖粗人,其中虽有天才的领袖,但知道历史掌故制度的人却不多。在这个当儿,叔孙通便成了一个极有用的人才。叔孙通制定了汉帝国的朝仪,又制定了宗庙仪法。他是孝惠帝的师傅,孝惠帝特别请他专管先帝园陵寝庙的事,故他所定的宗庙仪法和改定的汉朝"诸仪法",很含有儒家伦理的色彩。他的朝仪是"辨上下,定民志"的制度,而他的宗庙仪法是"以孝治天下"的制度。如皇帝谥法上加一个"孝"字,大概即是叔孙通的创制。《汉书》六八《霍光传》说,霍光召丞相御史将军列侯中二千石大夫博士,会议昌邑王的事。

> 田延年前离席按剑曰:"……汉之传谥,常为'孝'者,以长有天下,令宗庙血食也。"

谥法用"孝"字的意义,只在这里有明文。《史记》说:

> 惠帝为东朝长乐宫(太后所居),及间往,数跸烦

民（跸是清道止人行），乃作复道，方筑武库南。叔孙生奏事，因请问，曰："陛下何自筑复道？高寝衣冠月出游高庙，高庙汉太祖，奈何令后世子孙乘宗庙道上行哉？"（旧注：《三辅黄图》，高寝在高庙西；高祖衣冠藏在高寝，月出游于高庙，其道值所作复道，故言乘宗庙道上行。）孝惠帝大惧曰，"急坏之。"叔孙生曰，"人主无过举。今已作，百姓皆知之。今坏此，则示有过举。愿陛下为原庙渭北，衣冠月出游之。益广多宗庙，大孝之本也。"上乃诏有司立原庙。原庙起以复道故。

孝惠帝曾春出游离宫，叔孙生曰，"古者有春尝果。方今樱桃熟，愿陛下出，因取樱桃献宗庙。"上许之。诸果献由此兴。（《史记》九九，参《汉书》四三）

这都是这位"汉家儒宗"建立的"孝"的宗教的内容的一斑。这个孝的宗教在汉朝很有势力。如袁盎说汉文帝之孝：

陛下居代时，太后尝病三年，陛下不交睫，不解衣，汤药非陛下口所尝弗进。夫曾参以布衣犹难之，今陛下亲以王者修之。过曾参孝远矣。（《史记》一〇一）

三年目不交睫，这是绝不可能的事。但在这段谈话里，我们可以看出当时已有曾参等孝子的故事在社会上作"孝的宗教"的宣传品，略如后世的"二十四孝"故事。我们看后世出土的汉人坟墓里有曾参等孝子故事的壁画，也可以见当日孝的宗教的流行。

孝的宗教包括养生送死的种种仪节，在汉朝都渐渐成为公认的制度，如丧服一项，在古代本无定制。三年之丧只是儒家的创制；孔子的弟子宰我便有反对的言论（《论语》十七）；墨家很明白的说三年之丧是儒者之礼（《墨子·非儒篇》）；孟子劝滕文公行三年之丧，滕国的父兄百官皆不赞成，说："吾宗国鲁先君莫之行。吾先君亦莫之行也。"但儒家的宗教传到的地方，三年之丧渐有人行。这是儒教的一种宗教仪式，还不能行于儒家以外的人家。《淮南·齐俗训》说：

> 夫三年之丧，是强人所不及而以伪辅情也。三月之服，是绝哀而迫切之性也。夫儒、墨不原人情之终始，而务以行相反之制。

可见淮南王时代的人都知道三年之丧是儒家的服制，三月之服是墨者的服制。汉文帝虽是个孝子，他的窦后却是个道家信徒，大概很能明白叔孙通所定丧礼有种种不近人情地方，故文帝遗诏说：

> 朕闻，盖天下万物之萌生，靡不有死。死者天地之理，物之自然，奚为甚哀？当今之时，世咸嘉生而恶死，厚葬以破业，重服以伤生。吾甚不取。

这可见其时在儒生所定的国丧礼制上已有"重服"的规定了。遗诏又说：

> 且朕既不德，无以佐百姓，今崩又使重服久临，以罹寒暑之数，哀人之父子，伤长幼之志，损其饮食，绝鬼神之祭祀，以重吾不德也。

在这几句话里，我们可以看出叔孙通所定的"宗庙仪法"的野蛮不近人情，叔孙通已把儒家的丧礼定为国教了。汉文帝、窦后等决心反抗，取消旧制中一切最不合理的办法：

> 令天下吏民，令到，出临三日，皆释服。毋禁取妇嫁女，祠祀，饮酒食肉者。自当给丧事服临者，皆无践；经带无过三寸；毋布车及兵器。毋发人男女哭临宫殿。

这里面所谓"毋"的，都是叔孙通的野蛮仪法的内容。遗诏又规定短丧之制：

> 宫殿中当临者，皆以旦夕十五举声，礼毕罢。……已下（柩已下葬），服大红十五日，小红十四日，纤七日，释服。（红是以红为领缘。纤是细布衣。此制共服三十六日。）他不在令中者，皆以此令比率从事。

这个三十六日的服制真是一大改革。以后更垂为定制。《霍光传》记昌邑王居丧时的罪过，也只说他：

> 居道上不素食……始至谒见，常私买鸡豚食……大行在前殿，击鼓歌吹作俳倡；会下（下葬）还，上前殿，击钟磬，鼓吹歌舞，悉奏众乐。……诏太官上乘舆食如故。食监奏，未释服，未可御故食。复诏太官趣具，无关食监。太官不敢具，即使从官出买鸡豚，诏殿门内（纳）以为常。

昌邑王立仅二十七日，故未满三十六日释服之期。三十六日之后，此种限制都可免除了。

至于私家服制，也绝少行三年之丧的。公孙弘的后母死，他服丧三年（《史记》一一二，《汉书》五八），这是儒生自行其教，并非通行的风俗,故史家特记其事。公孙弘为博士时,年已六十,故后母之丧当在他贫贱时。汉朝定制,官吏都不得告假持丧服。故翟方进作丞相(纪元前15)时:

> 后母终,既葬三十六日,除服,起视事。以为身备汉相,不敢逾国家之制。(《汉书》八四)

翟方进的前任丞相薛宣也不主张三年丧服。《薛宣传》说:

> 初,宣有两弟修,明。……后母常从修居官,宣为丞相时(纪元前20—16),修为临菑令;宣迎后母,修不遣。后母病死,修去官持服。宣谓修,"三年服少能行之者。兄弟相驳不可。"修遂竟服。由是兄弟不和。(《汉书》八三)

这件事很可以注意。一家之中,兄弟主张可以不同,弟去官持三年丧,兄仍可继续做丞相,可见在当时这个问题完全由个人自由决定。薛宣说"三年服少能行之者",这也是重要史实。薛宣、翟方进两个宰相都不行三年丧。薛宣本不是儒生,故他的兄弟尽管行此礼,而他可以不行。翟方进是经学大师,他不行三年服,便觉得有点不好看,故必须声明"身备汉相,不敢逾国家之制"。这便可见元帝、成帝时代儒者当国,儒教的势力已很大,久丧之制已渐渐有人行了。

薛宣不赞成他的兄弟薛修行三年丧服,以致弟兄不和。这点嫌隙后来竟闹成一件大案子:

> 久之,哀帝初即位(前6),博士申咸给事中,毁宣不供养行丧服,薄于骨肉。……宣子况为右曹侍郎,数

> 闻其语，贼客杨明，欲令创咸面目，使不居位。会司隶缺，况恐咸为之，遂令明遮斫咸宫门外，断鼻唇，身八创。事下有司，御史中丞众等奏，"……明当以重论，及况皆弃市"。廷尉真以为……况以父见谤，发忿怒，无他大恶。……明当以贼伤人不直，况与谋者，皆"有"爵，减完为城旦。……况竟减罪一等，徙敦煌。宣坐免为庶人。

不行丧服便要受博士们的毁谤，这已是儒教势力之下的新风气了。哀帝从小受儒家教育，他的大臣孔光、师丹等又多是经学大师，故申咸逢迎意旨，用十多年前的事来毁谤薛宣。试看哀帝即位之年即有诏曰：

> 河间王良丧太后三年，为宗室仪表，益封万户……博士弟子父母死，予宁三年。（宁是告假回家，予宁即后世的丁忧。）

这便是有意提倡三年丧服了。但行三年之丧而可得万户的褒赏，还可见当时行此礼者实在很难得。博士弟子是服习儒教经典的，故此诏准他们丁忧三年。博士是冷官闲曹，故可行此制。其他官吏还不在此例。

直到王莽专政时代，儒教经典都成了王莽诈欺的工具，儒教的丧制也被他用作欺世盗国的钓钩。他毒杀了汉平帝（纪元5年），然后征召"明礼者宗伯凤等"，来定死皇帝的新丧服：

> 定天下吏六百石以上，皆服丧三年。（《汉书》九九）

这是完全推翻汉文帝的短丧制度。但过了几年之后（纪元8

年），王莽的母亲功显君死了，他正在兴高采烈的想做真皇帝，很不愿意回家去做三年孝子，于是令太皇太后下诏议他的服制，于是刘歆与博士诸儒七十余人议曰：

> 礼，庶子为后，为其母缌。传曰，与尊者为礼，不敢服其私亲也。摄皇帝（王莽）以圣德承天之命，受太后之诏，居摄践阼，奉汉大宗之后，上有天地社稷之重，下有元元万机之忧，不得顾其私亲。……摄皇帝当为功显君缌，缞弁而加麻环绖。（《汉书》九九）

王莽自己遂行此礼，却令他的孙子新都侯王宗代他主丧，服丧三年。

光武帝中兴之后，新经大乱，国政多趋向简易方便，故有诏大臣不许"告宁"，故三年丧制无从实行（《后汉书》列传三六）。直到安帝元初三年（纪元116），邓太后临朝，始又提倡三年丧制。《后汉书·刘恺传》说：

> 旧制，公卿二千石刺史不得行三年丧，由是内外众职并废丧礼。元初中，邓太后诏：长吏以下不为亲行服者，不得典城选举。

> 时有上言，牧守宜同此制。诏下公卿，议者以为不便。恺独议曰："……刺史一州之表，二千石千里之师……尤宜尊重典礼，以身先之。而议者不寻其端，至于牧守，则云不宜。是犹浊其源而望流清，曲其形而欲影直，不可得也。"太后从之。（《后汉书》列传二九）

故又有诏：大臣得行三年丧，服阕还职（《后汉书》列传三六）。汉律有"不为亲行三年服，不得选举"之文，见应劭注《汉书·扬雄传》，此当是邓太后时的诏令，而成为律文的。邓太后的丧制，不久也就废止了。《后汉书·陈忠传》说：

> 建光中（121），尚书令祝讽，尚书孟布等奏，以为孝文皇帝定约礼之制，光武皇帝绝告宁之典，贻则万世，诚不可改，宜复建武故事。

陈忠上疏力争，但

> 宦竖不便之，竟寝忠奏，而从讽布议，遂著于令。（《后汉书》列传三六）

后世学者（如何焯，如近人程树德先生）都以为汉制但不许大官告宁丁忧，而士人小吏却都行三年之丧。他们的意思似乎以为一般民人更容易行丧礼了。但我们看上文所引各条记载，可以看出历史演进的痕迹并不如此。三年之丧在西汉晚年还是绝希有的事。光武以后，不准官吏丁忧，此制更无法行了。直到二世纪上半，邓太后始著于诏令，长吏不为父母行服者不得典城，不得选举，又有诏许大臣行三年丧。但久丧实在太不方便，故几年之后，大官丁忧之制仍取消了。只剩"不行三年服，不得选举"一条律文，汉末的应劭还引此文，大官既不行此礼，小吏士人也必须用禁令去消极鼓励，小百姓自然不行此礼了。久丧不便于做官，更不便于力田行商的小百姓。刘恺不曾说吗？"浊其源而望流清，曲其形而欲影直，不可得也。"但安帝以后，三年之丧已成为选举的一种资格，故久而久之，渐成为风俗，这是《淮南王书》所谓"以伪辅情"的结果。千百年后，风气已成，人都忘了历史演变沿革的事实，遂以为三年之丧真是"天下之通丧"，真是"三代共之"的古礼了！殊不知这种制度乃是汉朝四百年的儒教徒逐渐建立的呵！

我举此一端，以表见"孝的宗教"在汉朝逐渐推行的历史。

（1930年《国立武汉大学文哲季刊》第1卷第2期）

诸子不出于王官论

胡适

今之治诸子学者，自章太炎先生以下，皆主九流出于王官之说。此说关于诸子学说之根据，不可以不辨也。此说始见《汉书·艺文志》，盖本于刘歆《七略》，其说曰：

儒家者流，盖出于司徒之官。……

道家者流，盖出于史官。……

阴阳家者流，盖出于羲和之官。……

法家者流，盖出于理官。……

名家者流，盖出于礼官。……

墨家者流，盖出于清庙之守。……

纵横家者流，盖出于行人之官。……

杂家者流，盖出于议官。……

农家者流，盖出于农稷之官。……

小说家者流，盖出于稗官。……

（本十家，原文有"其可观者九家而已"之语，故但言九流。）

此所说诸家所自出，皆属汉儒附会揣测之辞，其言全无凭据，而后之学者乃奉为师法，以为九流果皆出于王官。甚矣，先入之言之足以蔽人聪明也！夫言诸家之学说，间有近于王官之所守，如阴阳家之近于占候之官，此犹可说也。即谓古者学在官府，非吏无所得师，亦犹可说也。至谓王官为诸子所自出，甚至以墨家为出于清庙之守，以法家为出于理官，则不独言之无所依据，亦大悖于学术思想兴衰之迹矣。今试论此说之谬。分四端言之。

第一，刘歆以前之论周末诸子学派者，皆无此说也。

甲、《庄子·天下篇》。

乙、《荀子·非十二子篇》。

丙、司马谈《论六家要指》。

丁、《淮南子要略》。

古之论诸子学说者，莫备于此四书。而此四书皆无出于王官之说。《淮南要略》自"文王之时，纣为天下"以下。专论诸家学说所自出，以为诸子之学皆起于救世之弊，应时而兴。故有殷周之争，而太公之阴谋生；有周公之遗风，而儒者之学兴；有儒学之敝，礼文之烦扰，而后墨者之教起；有齐国之地势，桓公之霸业，而后管子之书作；有战国之兵祸，而后纵横修短之术出；有韩国之法令"新故相反，前后相缪"，而后申子刑名之书生；有秦孝公之图治，而后商鞅之法兴焉。此所论列，虽间有考之未精，然其大旨以为学术之兴皆本于世变之所急，其说最近理。即此一说，已足推破九流出于王官之陋说矣。

第二，九流无出于王官之理也。《周官》司徒掌邦教，儒家以六经设教，而论者遂谓儒家为出于司徒之官。不知儒家之六籍，多非司徒之官之所能梦见。此所施教，固非彼所谓教也。此其说已不能成立。其最谬者，莫如以墨家为出于清庙之守。夫以"墨"名家，其为创说，更何待言？墨者之学，仪态万方，岂清庙小官所能产生？《七略》之言曰：

> 茅屋采椽，是以贵俭。养三老五更，是以兼爱。选士大射，是以上贤。宗祀严父，是以右鬼。顺四时而行，是以非命。以孝视天下，是以上同。

此其所言，无一语不谬。墨家贵俭，与茅屋采椽何关？茹毛饮血，穴居野处，不更俭耶？又何不谓墨家为出于洪荒之世乎？养三老五更，尤不足以尽兼爱。墨家兼爱，本之其所谓"天志"。其意欲兼而爱人，兼而利人，与陋儒之养老异矣。选士大射，岂属清庙之守？其说已为离本。至谓"宗祀严父，是以右鬼，以孝视天下，是以上同"，则更荒谬矣。墨家爱无差等，何得宗祀严父？其上同之说，谓一同天下之义，与儒家之以孝治天下，全无关系也。墨家非命之说，要在使人知祸福由于自召，丰歉有待耕耘，正攻儒家"死生有命贵富在天"之说。若"顺四时而行"，适成有命之说，更何"非命"之可言！

凡此诸端，皆足征墨家之不出于王官。举此一家，可例其他。如云纵横之术出于行人之官，不知行人自是行人，纵横自是纵横。一是官守，一为政术，二者岂相为渊源耶？《周礼》尝有掌皮之官矣，岂可谓今日制革之术为出于此耶？

第三，《艺文志》所分九流，乃汉儒陋说，未得诸家派别之实也。古无九流之目，《艺文志》强为之分别，其说多支离无据。如晏子岂可在儒家？管子岂可在道家？管子既在道家，韩非又安可属法家？至于《伊尹》《太公》《孔甲》《盘盂》种种伪书，皆一律收录。其为昏谬，更不待言。其最谬者，莫如论名家。古无名家之名也。凡一家之学，无不有其为学之方术，此方术即是其"逻辑"。是以老子有无名之说，孔子有正名之论，墨子有三表之法，"别墨"有《墨辩》之书，即今《墨子》书中之《经》上、下，《经说》上、下，《大取》《小取》诸篇。荀子有正名之篇，公孙龙有名实之论，尹文子有刑名之论，庄周有齐物之篇，皆其"名学"也。古无有无"名学"之家，故"名家"不成为一家之言。此说吾于所著《先秦名学史》中详论之，非数言所能尽也。惠施、公孙龙，皆墨者也。观《列子·仲尼篇》所称公孙龙之说七事，《庄子·天下篇》所称二十一事，及今所传《公孙龙子》书中《坚白》《通变》《名实》诸篇，无一不尝见于墨经，晋人如张湛、鲁胜之徒颇知此理。至于惠施主兼爱万物，公孙龙主偃兵，尤易见。皆其证也。其后学术散失，汉儒固陋，但掇拾诸家之伦理政治学说，而不明诸家为学之方术，于是凡"苟察缴绕"司马谈语。之言，概谓之"名家"。名家之目立，而先秦学术之方法沦亡矣。刘歆、班固承其谬说，列名家为九流之一，而不知其非也。先秦显学，本只有儒、墨、道三家。后世所称法家如韩非、管子，管仲本无书。今所传《管子》，乃伪书耳。皆自属道家。任法、任术、任势，以为治，皆"道"也。其他如《吕览》之类，皆杂糅不成一家之言。知汉人所立"九流"之名之无征，则其九流出于王官之说不攻而自破矣。

第四，章太炎先生之说，亦不能成立。近人说诸子出于王官者，惟太炎先生为最详。其说见《诸子学略说》，此篇今不列于《章氏丛书》。然其言亦颇破碎不完。如引《艺文志》之说而以为"此诸子出于王官之证"，此如惠施所云以弹说弹，见《说苑》。不成论证也。其称老聃为柱下史，为征藏史，以为道家固出于史官。然则孔丘尝为乘田矣，尝为委吏矣，岂可遂谓孔氏之学固出于此耶？又云，"墨家先有史佚，为成王师。其后墨翟亦受学于史角。"史佚之书，今无所考，其名但见《艺文志》。其书之在墨家，亦犹晏子之在儒家与伊尹太公之在道家耳。若以墨翟之学于史角，为诸子出于王官之证，则孔子所师事者尤众矣。况史佚、史角既非清庙之官，则《艺文志》墨家出于清庙之说亦不能成立。又云，"其他虽无征验，而大抵出于王官"。然则太炎先生亦知其为无征验矣。

太炎先生又曰，"古之学者多出王官。世卿用事之时，百姓当家则务农商畜牧，无所谓学问也。其欲学者，不得不给事官府，为之胥徒，或乃供洒扫为仆役焉。故《曲礼》云，官学事师。学字本或作御。所谓宦者，谓为其宦寺也。适按，此说似未必然。郑注云，宦，仕也。《正义》引《左传》宣二年服虔注云，宦，学也，谓学仕官之事。其说近似是。所谓御者，谓为其仆御也。适按，原作学，本可通。《正义》谓学习六艺是也。即作御，亦是六艺之一。古者车战之世，射御并重。孔子亦有吾执御矣之言。未必是仆役之贱职也。……《说文》云，仕，学也。仕何以得训为学，所谓官于大夫，犹今之学习行走耳。是故非仕无学，非学无仕。"《诸子学略说》。又曰，"不仕则无所受书。"《订孔》上。适按此言古代书册司于官府，故教育之权柄于王官，非仕无所受书，非吏无所得师。此或实有其事，亦未可知，然此另是一问题。古者学在王官，是一事；诸子之学是否出于王官，又是一事。吾意以为即令此说而信，亦不足证诸子出于王官。盖古代之王官，定无学术可言。《周礼》伪书本不足据。无论如何，《周礼》决非周公时之制度。即以《周礼》所言"十有二教"及"乡三物"观之，皆不足以言学术。

徒以古代为学皆以求仕，故智能之士或多萃于官府。此如欧洲中世教会柄世政，才秀之士多为祭司神甫，而书籍亦多聚于寺院。以故，其时求学者，皆以祭司为师，故谓教会为握欧洲中古教育之柄可也，然岂可遂谓近世之学术皆出于教会耶？吾意我国古代，或亦如此。当周室盛时，教育之权或可尽操于王官。然其所谓教，必不外乎祀典卜筮之文，礼乐射御之末。其所谓"师儒"，亦如近世"训导""教授"之类耳。其视诸子之学术，正如天地之悬绝。诸子之学，不但决不能出于王官，果使能与王官并世，亦定不为所容，而必所焚烧坑杀耳。此如欧洲教会尝操中古教育之权，及文艺复兴之后，私家学术隆起，而教会以其不利于己，乃出其全力以抑阻之。哲人如卜鲁诺（Bruno），乃遭焚杀之惨。其时科学哲学之书多遭焚毁，笛卡儿至自毁其已著未刊之《天地论》。使教会当时竟得行其志，则欧洲今世之学术文化尚有兴起之望耶？是故教会之失败，欧洲学术之大幸也；王官之废绝，保氏之失守，先秦学术之大幸也。而世之学者乃更拘守刘歆之谬说，谓诸子之学皆出于王官，亦大昧于学术隆替之迹已。

太炎先生《国故论衡》之论诸子学，其精僻远过其《诸子学略说》矣，然终不废九流出于王官之说。其说又散见他书，如《孝经用夏法说》《订孔》上诸篇。其言曰，"是故九流皆出王官。及其发舒，王官所不能兴。官人守要，而九流究宣其义，是以滋长。"《原学》。此亦无征验之言。其言"官人守要而九流究宣其义"，大足贻误后学。夫义之未宣，更何要之能守。学术之兴，由简而繁，由易而赜，其简其易，皆属草创不完之际，非谓其要义已尽具于是也。

吾意以为诸子自老聃、孔丘至于韩非，皆忧世之乱而思有以拯济之，故其学皆应时而生，与王官无涉。诸家既群起，乃交相为影响，虽明相攻击，而冥冥之中已受所攻击者之熏化。是故孔子攻"报怨以德"之言，而其言无为之治则老聃之影响也。墨子非儒，而其言曰，"义者，正也。必从上之正下，无从下之正上。"则同于"政者正也"之说矣。又言必称尧、舜古圣王，则亦儒家之流毒也。孟子非墨家功利之说，而其言政无一非功利之事。又非兼爱，而盛称禹、稷之行，与不忍人之政，则亦庄生所谓"名实未亏而喜怒为用"者耳。荀子非墨，而其论正名，实大受墨者之影响。诸如此类，不可悉数。其间交互影响之迹，宛然可寻，而皆与王官无涉也。故诸子之学皆春秋、战国之时势世变所产生。其一家之兴，无非应时而起。及时变事异，则向之应世之学翻成无用之文，于是后起之哲人乃张新帜而起。新者已兴而旧者未踣，其是非攻难之力往往亦能使旧者更新。儒家之有孟、荀，墨家之有

"别墨"，别墨之名，始见《庄子·天下篇》。其造诣远过孔、墨之旧矣。有时一家之言，蔽于一曲，坐使妙理晦塞，而其间接之影响，乃更成新学之新基。如庄周之言天地万物进化之理，本为绝世妙论，惜其"蔽于天而不知人"，荀卿之语。遂沦为任天安命达观之说。此说流毒中国最深。《庄子》书中如《大宗师》诸篇，皆极有弊。然荀卿、韩非受其进化论，而救之以人治胜天之说，遂变出世主义而为救时主义，变乘化待尽之说而为戡天之论，变"法先王"之儒家而为"法后王"之儒家、法家。

学术之发生与兴替，其道固非一端也。明于先秦诸子兴废沿革之迹，乃可以寻知诸家学说意旨所在。知其命意所指，然后可与论其得失之理也。若谓九流皆出于王官，则成周小吏之圣知，定远过于孔丘、墨翟，此与谓素王作《春秋》，为汉朝立法者，其信古之陋何以异耶？

民国六年四月草于赫贞江上寓楼

（1917年10月15日《太平洋》第1卷第7号）

古学出于史官论

刘师培

西儒斯宾塞有言："各教起原，皆出于祖先教。"斯言也，证之中国古代，益信而有征。观斯氏《社会学原理》，谓："崇信祖宗之风习，凡初民皆然。"又，法人所著《支那文明论》云："崇拜死者，乃支那家族之主要也，而其特色，则崇拜祖宗是也。"民之初生，无不报本而返始。先王因其性以道之，而尊祖敬宗之说起矣。观仓颉造文，"教"字从"孝"。又，《孝经》有言："夫孝，德之本也，教之所由生也。"则上古之时，舍祀先而外无宗教。尊祖敬宗之说起，又必推祖所自出，而郊禘之典以兴。上古之初，知有母不知有父。今文家说，以圣人无父而生；古文家说，谓圣人有父而生，推其所自出，不明，故托之禘礼以祀之。因郊禘之典以推之，而庙祧以设，坛墠以立。祭礼一门，遂为三代之特典。观《祭法》《祭义》诸篇，可见。且古代所信神权，多属人鬼。《礼记》云："夏道尊命，殷人事鬼。"《书·盘庚篇》云："乃祖乃父，丕乃告我高后，降拜弗祥，乃断弃汝，不救乃死。"是古代以人鬼为国教，舍人鬼而外，皆遭屏斥。其曰"崇降弗祥，乃断弃汝"者，犹之西教禁人奉异教耳。凡不奉教者，即失教中之保护。尊人鬼故崇先例，崇先例故奉法仪。载之文字，谓之法，谓之书，谓之礼，其事谓之史职。以其法载之文字而宣之士民者，谓之太史，谓之卿大夫。仁和龚氏说。有官斯有法，故法具于官；有法斯有书，故官守其书。会稽章氏说。是则史也者，掌一代之学者也。一代之学，即一国政教之本，而一代王者之所开也。

吾观古代之初，学术铨明，实史之绩。试征之《世本·作篇》，则羲和占日，常仪占月，臾区占星，其时则皇古也，见《黄帝臣》。其人则史职也。推之律吕造于伶伦，甲子作于大挠，算教胚胎于隶首，调律创始于容成，六书探原于诵、颉，苍颉、沮诵，皆黄帝史官。图绘溯始于史皇。吾尝谓上古之初，有实用学、美术学二派。实用学起于算数，自隶首造算，率羡要会，遂生天文学、历数学二派。故大挠作甲子，容成作盖天，为天文学、历数学之祖。而占日、占月、占星亦发明推步学之证也。是为中国实用学。若伶伦制乐、苍颉作书、史皇作图，则皆古代之美术学也。学出于史，有明征矣。故一代之兴，即以史官司典籍。试观夏之亡也，太史终古去国；殷之亡也，辛甲抱器归周；辛甲者，殷史也。周之衰也，老聃去周适秦。史为一代盛衰之所系，即为一代学术之总归。顾夏、殷以前，书缺有间，试详考周代。成周史官，职守孔多，溯厥源流，共分三派：

一曰《六艺》出于史也。仁和龚氏有言："《六经》者，周史之大宗也。"又云："《易》也者，卜筮之史也。《书》也者，记言之史也；《春秋》也者，记动之史也；《风》也者，史所采于民而编之竹帛，付之司乐者也；《雅》《颂》也者，史所采于士大夫也；《礼》也者，一代之律令，史职藏之故府，而时以诏王者也；小学也者，外史达之四方，瞽史谕之宾客之所为也。"予观韩宣适鲁，观书太史，首见《易象》，见

《左传》昭公二年。又，周史以《易》见陈侯，孔文子以《易》示史朝，皆《易》掌于史之证。则《易》掌于史矣。五帝三皇之书，掌于外史，见《周礼·春官》。《传》曰"史诵《书》"，《左传》襄十四年。则《书》掌于史矣。又楚史倚相通《八索》《九丘》《三坟》《五典》。《坟》《典》《丘》《索》，皆古史书也，亦《书》掌于史之证。《风诗》采于辀轩，《礼记》言："命太师陈《诗》，以观民风。"太师亦史官之流亚也。《鲁颂》作于史克，见《小序》。《祁招》闻于倚相，见《左传》昭十二年。则《诗》掌于史矣。韩宣观《书》鲁史，兼见《春秋》，而孟子之解《春秋》也，亦曰"其文则史"，则《春秋》掌于史矣。董狐为史臣而修晋之《春秋》，南史为史臣而修齐之《春秋》，亦《春秋》掌于史之证。老聃为周史而明礼，按：《周礼》，太史之职，以书协礼事，小史之职，以时读礼法。辛有过伊川，而叹其礼之亡；史克对鲁侯，而举其礼之正。此礼掌于史之证。苌弘为周史而明乐，则《礼乐》掌于史矣。史籀以篆书诏民，史佚以《尔雅》教子，则小学掌于史矣。古代苍颉造字，亦黄帝史。是则《六艺》者，周公之旧典也，即《周官》之秘籍也。或谓西周之时太卜司《易》，宗伯掌《礼》，司乐典《乐》，太师陈《诗》，不知此就职守言，非指书籍言也。西人近日之书，分学与术为二。学指理言，术指用言。职守者，用也，书籍者，学也。学与用，二者不同。六艺之学，掌于史官，明儒王阳明曰："《春秋》亦经，《五经》亦史。"宣尼删订《六经》，实周史保存之力也。孔子《六艺》之学，皆得之史官。《周易》《春秋》得之鲁史，《诗》篇得之远祖正考父，推之问礼老聃，问乐苌弘，而百二国宝书，又孔子与左丘明观之周者也。不有史官，则孔子虽有订六艺之心，亦何从而得其籍哉？仁和龚氏有言："史无孔，虽美何待？孔无史，虽圣曷庸？"是则孔子者，得周史学术之正传也。不有史官，吾恐文献无征，不待秦灰之烬矣。此周史之所职掌者，一也。

二曰九流出于史也。《汉书·艺文志》叙列九流，谓道家出于史官。吾谓九流学术皆原于史，匪仅道德一家。儒家出于司徒，然《周史六弢》，以及《周制》《周法》，皆入儒家。又按：《晏子春秋》《虞氏春秋》、陆贾《新语》，皆史编之列入儒家者，亦儒家有史学之证。则儒家出于史官。阴阳家出于羲和，然羲和苗裔，为司马氏作史于周，见《太史公自序》。则阴阳家出于史官。又按：子韦为史于宋，张苍掌书于秦，其书皆列阴阳家。又，《五曹官制》及于长《忠臣传》，皆以史类而入阴阳家。墨家出于清庙之守，然考之《周官》之制，太史掌祭礼，小史辨昭穆，见《周礼·春官》。有事于庙，非史即巫，按：《左传》多以巫史、祝史并书，如卫侯出师，史华掌祭，虢公请命，史嚚享神是也。又如，史佚为墨家之祖，史角为墨子之师，亦墨学出于史之证。则墨家出于史官。纵横家出于行人，然会同朝觐，以书协礼事，亦太史之职，见《周礼·春官·大史》。则纵横家出于史官。又按，《战国策》为纵横家书，而班《志》列之《春秋》家，亦其证也。法家出于理官，名家出于礼官，然德刑礼义，史之所记，又按：《周礼》外史掌六典而兼及刑罚，则法家通于史。《礼记》言黄帝正名百物，而左史倚相亦序百物，则名家亦通于史。则法、名两家亦出于史官。杂家出于议官，而《孔甲》《盘盂》亦与其列；《孔甲》《盘盂》者，黄帝史臣所著也。又，《吕氏春秋》亦列于杂家。农家出于农稷之官，而安国书册，汉史孔安国也。参列其中；小说家出于稗官，而《虞初》《周说》杂厕其间，小说家类又有《周纪》《周考》以及《青史子》五十七篇，皆古史官所纪。则杂家、农家、小说家亦莫不出于史官。岂仅道家云乎哉？按：辛甲以设史为道家祖，而道家之中又有《周训》六篇，皆道家出于史官之证。盖班《志》所言，就诸子道术而分之，非就诸子渊源而溯之也。仁和龚氏有言：诸子学术皆周史支孽小宗。龚氏之言曰："任照之史，道家祖也；任天之史，农家祖也；任约剂之史，法家祖也；任名之史，名家祖也；任文之史，杂家祖也；任讳恶之史，阴阳家祖也；任喻之史，纵横家祖也；任本之史，墨家祖也；任教之史，小说家祖也。"龚氏所言虽未尽当，然推诸子学术以为皆出于史官，则固不易之确论也。后世子与史分，古代子与史合。此周史之所职掌者，二也。

三曰术数方技之学出于史也。班《志》有言：古代术数，皆明堂、羲和、史卜所职。其序术数亦曰："史官之废久矣，其书既不能具，虽有其书而无其人，是术数虽小道，亦必以史为总归。"试即术数学派分析之。昔史公有言："史失其纪，畴人分散，由是史官掌历谱之学。"又按：纪年之体，仿于《春秋》。《汲冢周书》亦详岁月，莫不以年岁之远近定事迹之有无。推之《公羊》详三世三统之义，《史记》据《春秋》历谱之文，皆历谱掌于史之证。西汉初兴，天官之事司于史臣，其详见俞正燮《癸巳类稿》。由是史官掌天文五行学。又按：楚弃疾灭陈，史赵以为岁在析木之津，犹将复兴；吴用师于越，史墨以为越得岁，而吴伐之必受其凶。五石六鹢，宋襄问于叔兴；雷如赤鸟，楚子问之周史。九鼎震东都，史儋知周秦之将分；星孛入北斗，叔福知齐、宋之将乱。皆天文五行掌于史之证。晋献之嫁伯姬也，占诸史苏；赵鞅之梦童子也，占诸史墨；晋人之救宋师也，占诸史龟：由是史官掌蓍龟杂占学。盖春秋时，史官多兼卜筮诸职。叔服善相人，知叔孙之有后；史过锡晋命，识惠公之将衰：由是史官掌形法之学。又按：《山海经》一书亦古代之史乘，而班《志》列之形法家，可以知其义矣。虽然小道溯源于史官，历谱学、天文五行学、蓍龟杂占学、形法学，皆古人所谓小道也。岂仅术数之学哉？《周礼·太史职》云"太史抱天时"，《小史职》云"大军旅佐太史"，则史官兼司兵学。又按：苌弘为周史，而班《志》为兵家阴阳类，有《苌弘书》十五篇。晋侯有疾，卜人云：实沈台骀为祟，史莫之知；齐侯有疾，欲诛史嚣，则史官兼掌医学。盖古代巫祝卜史，皆司君主之疾。苌弘试狸首之技，见《史记·封禅书》。狸首术者，盖即神怪之术也。老子开仙术之先，见刘向《列仙传》中。则神仙方技诸家悉范围于史职之内矣。故《史记》一书，兼详术数方技诸学。就《史记》一书观之，则《律书》者，兵家学也。《唐书》复有《兵志》。《历书》《天官书》者，术数学也。《汉书》有《律历志》《天文志》《五行志》。《封禅书》者，方技学也。又征之《史记》列传，则《扁鹊仓公传》，方技学也。《汉书》有《方技传》。《日者传》《龟策传》，术数学也。《孙吴司马穰苴传》，兵学也。此周史之所职掌者，三也。

要而论之，三代之时，称天而治，天事人事，相为表里，中国上古之言天，大抵借天以比附人事，以天为造化之主宰。故道曰天道，心曰天心，命曰天命。凡人君之用赏罚，皆言"受命于天"，以天为至尊无上之称，是为天人相与之学。其原因有二：一曰民称天以制君，如"天视自我民视"是也；二曰君称天以制民，如"圣人以神道设教"是也。厥生三派学术，一为祀学，一为谶纬学，一为占验学，皆以天事推本人治者也。故天事、人事，相为表里。天人之学，史实司之。司天之史，一司祭祀，即古人巫史、祝史并称者也，墨家之学本之。一司历数，即古人史、卜并称者也，阴阳家、术数家本之。司人之史亦析二派。一掌技艺，兵、农、医药、乐律，艺凭于实；阴阳五行卜筮，及诸方技之学。艺凭于虚，此与掌天事之史所掌者相混。是为掌技艺之史。一掌道术，明道德者谓之师，子书之祖也，儒、道、名、法之学本之，所谓推理之史也；司旧典者谓之儒，经、史之祖也，六艺、小学本之，所谓志事之史也；是谓掌道术之史。由是而观，周代之学术，即史官之学也，亦即官守师儒合一之学也。

吾观周代之时，诸侯各国普设史官，晋有史赵、齐有南史、鲁有史克、卫有史华，而唐叔初封，兼有卜史祝宗之锡。定公四年《传》。故一国之中，即有一国之典籍，亦必有一国之《春秋》。故晋有《乘》，楚有《梼杌》，鲁有《春秋》。而为史官者，大抵以世袭之职官，观籍谈司典籍，而其后为籍氏；倚相为左史，而其后左氏。皆史为世官之证。史墨曰："官宿其业，一日失职，则死及之。"可以知上古史官为贵职矣。况史官世袭，其制至汉犹存。司马谈、司马迁，其最著者也。位特殊之阶级，印度当上古时，婆罗门阶级最崇。而犹太、希腊各国，亦以僧徒为最尊。盖当时之民悉崇宗教，故掌宗教之人位在平民之上。中国古代亦然。如黄帝史臣鬼容区之流，皆以鬼神施教，即西人所谓僧侣政治。史官者，亦兼司天事者也，故有统辖宗教之权，而国人亦尊为显秩。周史佚列于四辅，而汉时之太史公位列诸侯王上，此其征也。故书籍保存，实赖史力。《庄子》言"孔子欲藏书周室"，子路言"周室守藏吏老聃可以与谋"，是书籍保存赖有史官矣。夏后虽亡，而夏代学术不与俱亡者，太史终古保存之力也；有商虽灭，而商代学术不与俱灭者，史甲保存之力也；有周虽衰，而周代学术不与俱衰者，史儋保存之力也。推之秦图籍藏于长安，汉图书收之秘府，皆此意也。独惜当此之时，史握学权，欲学旧典，必师史氏，犹之秦民学法，以吏为师也。观孔子之明六艺，皆授之史官，则舍史官而外，无一知学之人，犹之印度婆罗门独握学权也。故卿士有学，庶民无学。古代训"民"为"冥"，以民为无知无学之人。故平民知学者寡。春秋之时，凡娴文学多才艺者皆非平民，且皆当时卿士大夫也。《管子》言："士之子恒为士"，此之谓也。又，官守师儒，并合未歧，官学既兴，私学禁立，致所学定于一尊。仁和龚氏曰："周之世官，大者史。史之外无有语言焉，史之外无有文字焉，史之外无人伦日用焉。"会稽章氏曰："官守学业，皆出于一，而天下以同文为治，故私门无著述。"又，《礼记·王制》云："行伪而坚，言伪而辩，学非而博，顺非而泽，以疑罪杀。"《管子·任法篇》云："官无私论，士无私议，民无私说。"观此数言，可以知周代学术专制，颇用干涉政策矣。虽私议不昌，道一风同，然愚民政术已开秦政之先，此则史官掌学之弊也。仁和龚氏有言："周代史官，功罪相兼。"由今观之，岂不然哉！此吾之所以尚论周史，而发思古之幽情也。

（1905年《国粹学报》第1卷第1期）

释儒

刘师培

儒字之名，始于《周官》，《说文》："儒，柔也，术士之称。"说者鲜谙其义。今考《说文》训"术"字云："邑中道也。"邑中犹言国中，意三代授学之区必于都邑，故治学之士必萃邑中，《小戴·王制》篇所谓"升于司徒""升于国学"之士也。儒为术士之称，示与野人相区异。古代术士之学，盖明习六艺，以俟进用。《王制》篇言："乐正，顺先王《诗》《书》《乐》《礼》以造士。"《文王世子》篇言："春诵，夏弦，秋学《礼》，冬读《书》。"《王制》篇又言：司马辨论官材，论进士贤者以告王，论定然后官，论官然后爵，位定然后禄，均其征也。降及孔子，以六艺施教，俾为学者进身之资，其学遂以儒家名。考《左传》哀公十七年，载齐人责稽首，因歌"惟其儒书"，夫稽首之制着于《礼经》，是周代以礼为儒书也。《孟子·滕文公》篇引夷子曰："儒者之道。"古之人若保赤子，若保赤子言本《周书》，是周代以《书》为儒道也。儒学该于六艺，故孔子即以诠明六艺绍古代术士之传。《史记》言："孔子弟子身通六艺者七十二人。"既曰"身通六艺"，则所学与古术士同。故《韩诗外传》云:"儒之谓言无也,不易之术也。千变万化,其道不穷。六经是也。"《孔丛子·儒服》篇载子高对平原君问儒名曰:"取包聚术,兼六艺,动静不失中道"。《淮南子·氾论训》云:"《诗》《春秋》,学之美者也。"又曰:"儒者循之,以教导于世。"《汉书·董仲舒传》曰:"臣愚,以为凡不在六艺之科孔子之术者皆绝其道。"《史记·孔子世家》赞曰:"言六艺者,折衷于夫子。"《太史公自序》曰:"夫儒以六艺为法。"《论衡·问孔篇》曰:"使世无孔子,则七十子之徒今之儒生。"又曰:"儒生持经。"又曰:"五经之儒,抱道隐匿。"郑君《周礼》注云:"儒有六艺以教民者",均儒学不外六经之证。又《法言》言:"通天地人为儒。"《风俗通》言:"儒者区也",言区别古今。《论衡》言:"能博学道古谓之上儒"。亦儒贵学古之欲,六经皆古制也。故战国秦汉之儒家均通经训,如孟子尤长于《诗》《书》,荀卿深于《礼》,而刘向《战国策序》曰:"孟子、荀卿儒术之士"。又即班《志》观之,若陆贾、虞卿、贾谊之书,均列儒家,并为通经之士。而《史记》于传经之人别立《儒林传》,诚以孔子奉六经为学,学者遵之,不与古术士之学相背也。古代惟术士以学进身,《荀子·王伯篇》云:"论德使能而官施之者,圣王之道也。儒之所谨守也。"与《王制》辨论官材之说合。《荀子·儒效篇》曰:"大儒者,天子三公也;小儒者,诸侯大夫士也。"则儒以进用为术,故孔子以不仕无义责丈人,子张之徒且言干禄,盖默契仕学互训之旨者也。又《大戴·入官篇》云:"枉而直之,使自得之,优而柔之,使自求之,揆而度之,使自索之。"《盐铁论》亦曰:"所以贵儒术者,贵其处谦退让以礼下人。"郑君《三礼目录》曰:"儒之言优也,柔也,其与人交接常能优柔。"

盖儒者以柔让为德,以待用为怀,故字从需声。许君以柔释儒,《小戴·儒行篇》所谓待聘、待问、待举、待取也。要之,儒为术士,惟通经致用始被此称,孔子治经,故以儒家标说。《史记·老子列传》云:"世之学老子者则绌儒,学儒学亦绌老子。"《淮南子·齐俗训》曰:"鲁国服儒者之服,行孔子之术。"又《韩非子》言:"儒之所至者孔丘也。"《论衡》言:"儒之所宗孔丘也。"《墨子·非儒》篇亦以儒礼与墨礼并言,均世以儒名属孔门之证。儒家以通经为本,故以孔子为宗,然均古代术士之遗教也。考之《王制》,凡修礼明教诸端以及率俊选论秀士均属司徒。班《志》以"儒家者流,出于司徒之官",以班《志》证许说而谊以互明。由斯而言,则儒家之学上有所承,舍穷经之彦,孰克伺儒林之列哉!

(1928年《左庵集》卷三)

诸子学略说

章太炎

  所谓诸子学者，非专限于周秦，后代诸家亦得列入，而必以周秦为主。盖中国学说，其病多在汗漫。春秋以上，学说未兴，汉武以后，定一尊于孔子，虽欲放言高论，犹必以无碍孔氏为宗。强相援引，妄为皮傅，愈调和者愈失其本真，愈附会者愈违其解故。故中国之学，其失不在支离，而在汗漫。自宋以后，理学肇兴。明世推崇朱氏，过于素王；阳明起而相抗，其言致良知也，犹云朱子晚年定论；孙奇逢辈遂以调和朱、陆为能，此皆汗漫之失也。

  惟周秦诸子，推迹古初，承受师法，各为独立，无援引攀附之事。虽同在一家者，犹且矜己自贵，不相通融。故荀子非十二子，子思、孟轲亦在其列。或云子张氏之贱儒，子游氏之贱儒，子夏氏之贱儒，诟詈嘲弄，无所假借。《韩非子·显学篇》云："世之显学，儒墨也，儒之所至，孔丘也；墨之所至，墨翟也。自孔子之死也，有子张之儒，有子思之儒，有颜氏之儒，有孟氏之儒，有漆雕氏之儒，有仲良氏之儒，有孙氏之儒，有乐正氏之儒。自墨子之死也，有相里氏之墨，有相夫氏之墨，有邓陵氏之墨。故孔、墨之后，儒分为八，墨离为三，取舍相反不同，而皆自为真。孔、墨不可复生，将谁使定世之学乎！"此可见当时学者，惟以师说为宗，小有异同，便不相附，非如后人之忌狭隘、喜宽容、恶门户、矜旷观也。盖观调和独立之殊，而知古今学者远不相及。佛家有言，何等名为所熏？"若法平等，无所违逆，能容习气，乃是所熏；此遮善染，势力强盛，无所容纳，故非所熏。""若法自在，性非坚密，能受习气，乃是所熏；此遮心所，及无为法，依他坚密，故非所熏。见《成唯识论》。此可见古学之独立者，由其持论强盛，义证坚密，故不受外熏也。

或曰：党同门而妒道真者，刘子骏之所恶，以此相责，得无失言。答曰：此说经与诸子之异也。说经之学，所谓疏证，惟是考其典章制度与其事迹而已，其是非且勿论也。欲考索者，则不得不博览传记，而汉世太常诸生，唯守一家之说，不知今之经典、古之官书，其用在考迹异同，而不在寻求义理。故孔子删定六经，与太史公、班孟坚辈，初无高下，其书既为记事之书，其学惟为客观之学。党同妒真，则客观之学，必不能就，此刘子骏所以移书匡正也。若诸子则不然。彼所学者，主观之学，要在寻求义理，不在考迹异同。既立一宗，则必自坚其说，一切载籍，可以供我之用，非束书不观也。虽异己者，亦必睹其文籍，知其义趣，惟往复辩论，不稍假借而已。是故言诸子，必以周秦为主。

古之学者，多出王官。世卿用事之时，百姓当家，则务农商畜牧，无所谓学问也。其欲学者，不得不给事官府为之胥徒，或乃供洒扫为仆役焉。故《曲礼》云："宦学事师。""学"字本或作"御"。所谓宦者，谓为其宦寺也；所谓御者，谓为其仆御也。故事师者，以洒扫进退为职，而后车从者，才比于执鞭拊马之徒。观春秋时，世卿皆称夫子。夫子者，犹今言老爷耳。孔子为鲁大夫，故其徒尊曰夫子，犹是主仆相对之称也。《说文》云："仕，学也。"仕何以得训为学？所谓宦于大夫，犹今之学习行走尔。是故非仕无学，非学无仕，二者是一而非二也。学优则仕之言，出于子夏。子夏为魏文侯师。当战国时，仕学分途久矣，非古义也。秦丞相李斯议曰："若欲有学法令，以吏为师。"亦犹行古之道也。惟其学在王官，官宿其业，传之子孙，故谓之畴人子弟。见《史记·历书》。畴者，类也。《汉律》，"年二十三傅之畴官，各从其父学"，此之谓也。近世阮元作《畴人传》，以畴人为明算之称，非是。其后有儒家、墨家诸称，《荀子·大略篇》云："此家言邪学，所以恶儒者。"当时学术相传，在其弟子，而犹称为家者，亦仍古者畴官世业之名耳。《史记》称老聃为柱下史，庄子称老聃为征藏史，道家固出于史官矣。孔子问礼老聃，卒以删定六艺，而儒家亦自此萌芽。墨家先有史佚，为成王师，其后墨翟亦受学于史角。阴阳家者，其所掌为文史星历之事，则《左氏》所载瞽史之徒，能知天道者是也。其他虽无征验，而大抵出于王官。是故《汉·艺文志》论之曰：

  儒家者流，盖出于司徒之官；道家者流，盖出于史官；阴阳家者流，盖出于羲和之官；法家者流，盖出于理官；名家者流，盖出于礼官；墨家者流，盖出于清庙之守；纵横家者流，盖出于行人之官；杂家者流，盖出于议官；农家者流，盖出于农稷之官；小说家者流，盖出于稗官。

此诸子出于王官之证。惟其各为一官，守法奉职，故彼此不必相通，《庄子·天下篇》云"譬如耳目鼻口，皆有所明，不能相通"，是也。亦有兼学二术者，如儒家多兼纵横，法家多兼名，此表里一体，互为经纬者也。若告子之兼学儒、墨，则见讥于孟氏，而墨子亦谓告子为仁，譬犹跂以为长，隐以为广，其弟子请墨子弃之。见《墨子·公孟篇》。进退失据，两无所容，此可为调和者之戒矣。

今略论各家如左：

一论儒家。《周礼·太宰》言"儒以道得民"，是儒之得称久矣。司徒之官，专主教化，所谓三物化名。三物者，六德、六行、六艺之谓。是故孔子博学多能，而教人以忠恕。虽然，有商订历史之孔子，则删定《六经》是也；有从事教育之孔子，则《论语》《孝经》是也。由前之道，其流为经师；由后之道，其流为儒家。《汉书》以周秦、汉初诸经学家录入《儒林传》中，以《论语》《孝经》诸书录入《六艺略》中，此由汉世专重经术，而儒家之荀卿，又为《左氏》《榖梁》《毛诗》之祖，此所以不别经、儒也。若在周秦，则固有别。且如儒家巨子，李克、宁越、孟子、荀卿、鲁仲连辈，皆为当世显人，而《儒林传》所述传经之士，大都载籍无闻，莫详行事。盖儒生以致用为功，经师以求是为职。虽今文古文，所持有异，而在周秦之际，通经致用之说未兴，惟欲保残守缺，以贻子孙，顾于世事无与。故荀卿讥之曰："鄙夫好其实，不恤其文，是以终身不免挥污庸俗。故《易》曰：'括囊，无咎无誉'，腐儒之谓也。"见《非相篇》。此云腐儒，即指当世之经师也。由今论之，则犹愈于汉世经师言取青紫如拾芥，较之战国儒家亦为少愈，以其淡于荣利云尔。

儒家之病，在以富贵利禄为心。盖孔子当春秋之季，世卿秉政，贤路壅塞，故其作《春秋》也，以非世卿见志。公羊家及左氏家张敞皆有其说。其教弟子也，惟欲成就吏材，可使从政。而世卿既难猝去，故但欲假借事权，便其行事。是故终身志望，不敢妄希帝王，惟以王佐自拟。观荀卿《儒效篇》云："大儒者，天子三公也；杨注，其才堪王者之佐也。小儒者，诸侯大夫士也；众人者，工农商贾也。"是则大儒之用，无过三公，其志亦云卑矣。孔子之讥丈人，谓之不仕无义。孟子、荀卿皆讥陈仲，一则以为无亲戚君臣上下，一则以为盗名不如盗货。见《荀子·不苟篇》。而荀子复述太公诛华士事。见《宥坐篇》。由其不臣天子，不友诸侯，见《韩非子·外储说右上》。是儒家之湛心荣利，较然可知。所以者何？苦心力学，约处穷身，必求得髓，而后意歉，故曰："沽之哉！沽之哉！"不沽则吾道穷矣。

《艺文志》说儒家云："辟者随时抑扬，违离道本，苟以哗众取宠。"不知哗众取宠，非始辟儒，即孔子固已如是。庄周述盗跖之言曰："鲁国巧伪人孔丘，不耕而食，不织而衣，摇唇鼓舌，擅生是非，以迷天下之主。使天下学士，不反其本，妄作孝弟，而侥幸于封侯富贵者也。"此犹曰道家诋毁之言也，而微生亩与孔子同时，已讥其佞，则儒家之真可见矣。孔子干七十二君，已开游说之端，其后儒家率多兼纵横者。见下。其自为说曰："无可无不可。"又曰："可与立，未可与权。"又曰："君子之中庸也，君子而时中。"孟子曰："孔子，圣之时者也。"荀子曰："君子时绌则绌，时伸则伸也。"见《仲尼篇》。然则孔子之教，惟在趋时，其行义从时而变，故曰"言不必信，行不必果"，如《墨子·非儒》下篇讥孔子曰：

> 孔丘穷于陈、蔡之间，藜羹不糁十日。子路为烹豚，孔丘不问肉之所由来而食；褫人衣以酤酒，孔丘不问酒之所由来而饮。哀公迎孔丘，席不端弗坐，割不正弗食，子路进请曰："何其与陈、蔡反也？"孔丘曰："来！吾语汝！曩与汝为苟生，今与汝为苟义。"夫饥约，则不辞妄取以活身；赢饱，则伪行以自饰。污邪诈伪，孰大于此。

其诈伪既如此。及其对微生亩也，则又以疾固自文，此犹叔孙通对鲁两生曰："若真鄙儒不知时变也。"所谓中庸，实无异于乡愿。彼以乡愿为贼而讥之。夫一乡皆称愿人，此犹没身里巷、不求仕宦者也。若夫缝衣浅带，矫言伪行，以迷惑天下之主，则一国皆称愿人。所谓中庸者，是国愿也，有甚于乡愿者也。孔子讥乡愿，而不讥国愿，其湛心利禄又可知也。

君子时中、时伸、时绌，故道德不必求其是，理想亦不必求其是，惟期便于行事则可矣。用儒家之道德，故艰苦卓厉者绝无，而冒没奔竞者皆是。俗谚有云："书中自有千钟粟。"此儒家必至之弊。贯于征辟、科举、学校之世,而无乎不遍者也。用儒家之理想,故宗旨多在可否之间,论议止于函胡之地。彼耶稣教、天方教,崇奉一尊,其害在堵塞人之思想,而儒术之害,则在淆乱人之思想,此程、朱、陆、王诸家所以有权而无实也。虽然,孔氏之功则有矣,变机祥神怪之说而务人事,变畴人世官之学而及平民,此其功亦夐绝千古。二千年来,此事已属过去,独其热中竞进在耳。

次论道家。道家老子,本是史官,知成败祸福之事,悉在人谋,故能排斥鬼神,为儒家之先导。道家如老、庄辈,皆无崇信鬼神之事,列子稍近神仙,亦非如汉世方士所为也。《老子》"谷神不死,是谓玄牝"等语,未知何指。道士依傍其说,推为教祖,实于老子无与,亦以怵于利害,胆为之怯,故事事以卑弱自持。所云"无为权首,将受其咎""人皆取先,己独取后"者,实以表其胆怯之征。盖前世伊尹、太公之属,《汉·艺文志》,道家有《伊尹》五十一篇,《太公》二百三十七篇。皆为辅佐,不为帝王。学老氏之术者,周时有范蠡,汉初有张良,其位置亦相类,皆惕然于权首之戒者也。孔子受学老聃,故儒家所希,只在王佐,可谓不背其师说矣。

老子非特不敢为帝王,亦不敢为教主。故云:"强梁者不得其死,吾将以为教父。"大抵为教主者,无不强梁,如释迦以勇猛无畏为宗,尊曰大雄,亦曰调御;而耶稣、穆罕默德辈,或称帝子,或言天使,遇事奋迅,有慭不畏死之风,此皆强梁之最也。老子胆怯,自知不堪此任,故云"人之所教,我亦教之",如是而已。然天下惟胆怯者权术亦多,盖力不能取,而以智取,此事势之必然也。老子云："道法自然。"太史论老、庄诸子，以为归于自然。自然者，道家之第一义谛，由其博览史事，而知生存竞争，自然进化，故一切以放任为主。虽然，亦知放任之不可久也。群龙无首，必有以提倡之，又不敢以权首自居。是故去力任智，以诈取人，使彼乐于从我，故曰："善为道者，非以明民，将以愚之。""弱之胜强，柔之胜刚，天下莫不知。"老氏学术，尽于此矣。

虽然，老子以其权术授之孔子，而征藏故书，亦悉为孔子诈取。孔子之权术，乃有过于老子者。孔学本出于老，以儒道之形式有异，不欲崇奉以为本师，亦如二程之学本出濂溪，其后反对佛老，故不称周先生，直称周茂叔而已；东原之学，本出婺原，其后反对朱子，故不称江先生，直称吾郡老儒江慎修而已。而惧老子发其覆也，于是说老子曰："乌鹊孺，鱼傅沫，细要者化，有弟而兄啼。"见《庄子·天运篇》。意谓己述六经，学皆出于老子，吾书先成，子名将夺，无可如何也。老子胆怯，不得不曲从其请。逢蒙杀羿之事，又其素所怵惕也。胸有不平，欲一举发，而孔氏之徒，遍布东夏，吾言朝出，首领可以夕断，于是西出函谷，知秦地之无儒，而孔氏之无如我何，则始著《道德经》以发其覆。藉令其书早出，则老子必不免于杀身，如少正卯在鲁，与孔子并，孔子之门，三盈三虚，见《论衡·讲瑞篇》。犹以争名致戮，而况老子之陵驾其上者乎！呜呼！观其师徒之际，忌刻如此，则其心术可知，其流毒之中人，亦可知已。

庄子晚出，其气独高，不惮抨弹前哲，愤奔走游说之风，故作《让王》以正之；恶智力取攻之事，故作《胠箧》以绝之。其术似与老子相同，其说乃与老子绝异，故《天下篇》历叙诸家，已与关尹、老聃裂分为二。其褒之以至极，尊之以博大真人者，以其自然之说，为己所取法也。其裂分为二者，不欲以老子之权术自污也。或谓子夏传田子方，田子方传庄子，是故庄子之学，本出儒家，其说非是。庄子所述，如庚桑楚、徐无鬼、则阳之徒多矣，岂独一田子方耶！以其推重子方，遂谓其学所出必在于是，则徐无鬼亦庄子之师耶？南郭子綦之说，为庄子所亟称，彼亦庄子师耶？

次论墨家。墨家者，古宗教家，与孔、老绝殊者也。儒家公孟言无鬼神。见《墨子·公孟篇》。道家老子言以道莅天下，其鬼不神，是故儒、道皆无宗教。儒家后有董仲舒，明求雨禳灾之术，似为宗教；道家则由方士妄托，为近世之道教，皆非其本旨也。惟墨家出于清庙之守，故有《明鬼》三篇，而论道必归于天志，此乃所谓宗教矣。兼爱、尚同之说，为孟子所非；非乐、节葬之义，为荀卿所驳。其实墨之异儒者，并不止此。盖非命之说，为墨家所独胜。儒家、道家，皆言有命，其善于持论者，神怪妖诬之事，一切可以摧陷廓清，惟命则不能破，如《论衡》有《命禄》《气寿》《幸遇》《命义》等篇是也。其《命义篇》举儒、墨对辩之言曰：

墨家之论，以为人死无命；儒家之议，以为人死有命。言有命者，见子夏言"死生有命，富贵在天"。言无命者，闻历阳之都，一宿沉而为湖。秦将白起，坑赵降卒于长平之下四十万众，同时皆死。春秋之时，败绩之事，死者数万，尸且万数，饥馑之岁，饿者满道，温气疫疠，千户灭门。如必有命，何其秦、齐同也？言有命者曰：夫天下之大，人民之众，一历阳之都，一长平之坑，同命俱死，未可怪也。命当溺死，故相聚于历阳；命当压死，故相积于长平。犹高祖初起，相工入丰、沛之邦，多封侯之人矣，未必老少男女俱贵而有相也。卓跞时见，往往皆然，而历阳之都，男女俱没，长平之坑，老少并陷，万数之中，必有长命未当死之人，遭时衰微，兵革并起，不得终其寿。人命有长短，时有盛衰，衰则疾病，被灾蒙祸之验也。宋、卫、陈、郑，同日并灾，四国之人，必有禄盛未当衰之人，然而俱灾，国祸临之也。故国命胜人命，寿命胜禄命。

凡言禄命而能成理者，以此为胜。

虽然，命者孰为之乎？命字之本，固谓天命。儒者既斥鬼神，则天命亦无可立。若谓自然之数，数由谁设，更不得其征矣。然墨子之非命，亦仅持之有故，未能言之成理也。特以有命之说，使人偷惰，故欲绝其端耳。其《非命》下篇云："今天下之君子之为文学出言谈也，非将勤能其颊舌而利其唇吻也，中实将欲其国家邑里万民刑政者也。今王公大臣……若信有命而致行之，则必怠乎听狱治政矣，卿大夫必怠乎治官府矣，农夫必怠乎耕稼树艺矣，妇人必怠乎纺绩织纴矣。"是故非命者，不必求其原理，特谓于事有害而已。

夫儒家不信鬼神而言有命，墨家尊信鬼神而言无命，此似自相刺缪者。不知墨子之非命，正以成立宗教。彼之尊天右鬼者，谓其能福善祸淫耳。若言有命，则天鬼为无权矣。卒之盗跖寿终，伯夷饿夭，墨子之说，其不应者甚多，此其宗教所以不能传久也。又凡建立宗教者，必以音乐庄严之具感触人心，使之不厌。而墨子贵俭非乐，故其教不能逾二百岁。秦汉已无墨者。虽然，墨子之学，诚有不逮孔、老者，其道德则非孔、老所敢窥视也。

次论阴阳家。阴阳家亦属宗教，而与墨子有殊观。《墨子·贵义篇》云："子墨子北之齐，遇日者。日者曰：'帝以今日杀黑龙于北方，而先生之色黑，不可以北。'子墨子不听，遂北至淄水，不遂而返焉。日者曰：'我谓先生不可以北。'子墨子曰：'南人不得北，北人不得南，其色有黑者，有白者，何故皆不遂也。且帝以甲乙杀青龙于东方，以丙丁杀赤龙于南方，以庚辛杀白龙于西方，以壬癸杀黑龙于北方，以戊己杀黄龙于中方。若用子之言，则是禁天下之行者也。'"盖墨家言宗教，以善恶为祸福之标准；阴阳家言宗教，以趋避为祸福之标准，此其所以异也。或疑《七略》以阴阳家录入诸子，而《数术》自为一略，二者何以相异？答曰：以今论之，实无所异，但其理有浅深耳。盖数术诸家，皆繁碎占验之辞，而阴阳家则自有理论，如《邹子》四十九篇《邹子终始》五十六篇、《邹奭子》十二篇。观《史记·孟荀列传》所述，邹衍之说，穷高极深，非专术家之事矣。《南公》三十六篇，即言"楚虽三户，亡秦必楚"者，是为预言之图谶，亦与常占有异。如扬雄之《太玄》、司马光之《潜虚》、邵雍之《皇极经世》、黄道周之《三易洞玑》，皆应在阴阳家，而不应在儒家六艺家，此与蓍龟形法之属，高下固殊绝矣。

次论纵横家。纵横家之得名，因于从人横人，以六国抗秦为从，以秦制六国为横，其名实不通于异时异处。《汉志》所录，汉有《蒯子》五篇《邹阳》七篇。蒯劝韩信以三分天下，鼎足而居，邹阳仕梁，值吴、楚昌狂之世，其书入于纵横家，亦其所也。其他《秦零陵令信》一篇、《主父偃》二十八篇、《徐乐》一篇、《庄安》一篇《待诏金马聊苍》一篇，身仕王朝，复何纵横之有？然则纵横者，游说之异名，非独外交专对之事也。

儒家者流，热中趋利，故未有不兼纵横者，如《墨子·非儒》下篇记孔子事，足以明之：

> 孔丘之齐，见景公，景公欲封之以尼溪。晏子曰："不可。"于是厚其礼，留其封，数见而不问其道，孔乃志怒于景公与晏子，乃树鸱夷子皮于田常之门，告南郭惠子以所欲为。归于鲁。有顷间，齐将伐鲁，告子贡曰："赐乎，举大事于今之时矣。"乃遣子贡之齐，因南郭惠子以见田常，劝之伐吴，以教高、国、鲍、晏，使毋得害田常之乱。

《越绝书·内传·陈成恒篇》亦记此事云："子贡一出，存鲁、乱齐、破吴、强晋、霸越。"是则田常弑君，实孔子为之主谋，沐浴请讨之事，明知哀公不听，特借此以自文。此为诈谖之尤矣。便辞利口，覆邦乱家，非孔子、子贡为之倡耶？《庄子·胠箧》云："田成子一旦杀齐君而盗其国，所盗者岂独其国耶？并举其圣知之法而盗之，故窃钩者死，窃国者为诸侯，诸侯之门，而仁义存焉。"此即切齿腐心于孔子之事也。

自尔以来，儒家不兼纵横，则不能取富贵。余观《汉志》儒家所列，有《鲁仲连子》十四篇、《平原君》七篇、《陆贾》二十三篇、《刘敬》三篇、《终军》八篇、《吾丘寿王》六篇、《庄助》四篇。此外，则有郦生，汉初谒者，称为大儒，而其人皆善纵横之术。其关于外交者，则鲁仲连说辛垣衍，郦生说田横，陆贾、终军、严助谕南越是也。其关于内事者，则刘敬请都关中是也。吾丘寿王在武帝前，智略辐凑，传中不言其事，寿王既与主父偃、徐乐、庄助同传，其行事宜相似。而平原君朱建者，则为辟阳侯审食其事，游说嬖人，其所为愈卑鄙矣。

纵横之术，不用于国家，则用于私人，而持书求荐者，又其末流。曹丘通谒于季布，楼护传食于五侯。降及唐世，韩愈以儒者得名，亦数数腾言当道，求为援手。乃知儒与纵横，相为表里，犹手足之相支、皮革之相附也。宋儒稍能自重。降及晚明，何心隐辈又以此术自豪。及满洲而称理学者，无不习捭阖，知避就矣。孔子称"达者察言观色，虑以下人""闻者色取行违，居之不疑"。由今观之，则闻者与纵横稍远，而达者与纵横最近，达固无以愈于闻也。程、朱末流，惟是闻者；陆、王末流，惟是达者。至于今日，所谓名臣大儒，则闻达兼之矣。若夫纵人横人之事，则秦皇一统而后，业已灭绝。故《隋书·经籍志》中，惟存《鬼谷》三卷，而梁元帝所著《补阙子》与《湘东鸿烈》二书，不知其何所指也。

次论法家。法家者，略有二种，其一为术，其一为法。《韩非子·定法篇》曰："申不害言术，而公孙鞅为法。术者，因任而授官，循名而责实，操杀生之柄，课群臣之能者也，此人主之所执也。法者，宪令著于官府，刑罚必于民心，赏存乎慎法，而罚加乎奸令者也，此臣之所师也。"然为术者，则与道家相近；为法者，则与道家相反。《庄子·天下篇》说慎到之术曰："椎拍辁断，与物宛转""推而后行，曳而后往，若飘风之还，若羽之旋，若磨石之隧，全而无非，动静无过，未尝有罪。"此老子所谓"圣人无常心，以百姓为心"也。此为术者与道家相近也。老子言："民不畏死，奈何以死惧之？"太史公《酷吏列传》亦引"法令滋章、盗贼多有"之说，而云"法令者，治之具，而非制治清浊之源"，此为法者与道家相反也。亦有兼任术法者，则管子、韩非是也。《汉志》《管子》列于道家，其《心术》《白心》《内业》诸篇，皆其术也；《任法》《法禁》《重令》诸篇，皆其法也。韩非亦然，《解老》《喻老》，本为道家学说。少尝学于荀卿，荀卿隆礼义而杀诗书，经礼三百，固周之大法也。韩非合此二家，以成一家之说，亦与管子相类。惟《管子·幼官》诸篇，尚兼阴阳，而韩非无此者，则以时代不同也。后此者惟诸葛亮专任法律，与商君为同类。故先主遗诏，令其子读《商君书》，见裴松之《三国志注》引《诸葛亮集》。知其君臣相合也。其后周之苏绰、唐之宋璟，庶几承其风烈。

然凡法家必与儒家、纵横家反对，惟荀卿以儒家大师，而法家韩、李为其弟子，则以荀卿本意在杀诗书，固与他儒有别。韩非以法家而作《说难》，由其急于存韩，故不得不兼纵横耳。其他则与儒家、纵横家未有不反唇相稽者。《商君·外内篇》曰:"奚谓淫道,为辩知者贵,游宦者任,文学私名显之谓也。"此兼拒儒与纵横之说也。《靳令篇》曰:"六虱,曰礼乐,曰诗书,曰修善,曰孝弟,曰诚信,曰贞廉,曰仁义,曰非兵,曰羞战。"此专拒儒者之说也。《韩非·诡使篇》曰:"守度奉量之士,欲以忠婴上而不得见,巧言利辞,行奸轨以幸偷世者数御。"《六反篇》曰:"游居厚养,牟食之民也,而世尊之曰有能之士。曲语牟知,伪诈之民也,而世尊之曰辩智之士。"此拒纵横家之说也。《五蠹篇》曰:"儒以文乱法,侠以武犯禁。"《显学篇》曰:"藏书策,习谈论,聚徒役,服文学而议说,世主必从而礼之。""国平则养儒侠,难至则用介士,所养者非所用,所用者非所养,此所以乱也。"此拒儒家之说也。《五蠹篇》曰:"明主之国,无书简之文,以法为教;无先王之语,以吏为师。"此拒一切学者之说也。至汉公孙弘、董仲舒辈,本是经师。其时经师与儒已无分别。弘习文法吏事,而缘饰以儒术;仲舒为《春秋决狱》二百三十二事,以应廷尉张汤之问,儒家、法家,于此稍合。自是以后,则法家专与纵横家为敌,严助、伍被,皆纵横家,汉武欲薄其罪,张汤争而诛之。主父偃亦纵横家,汉武欲勿诛,公孙弘争而诛之。而边通学短长之术,亦卒潜杀张汤。诸葛治蜀,赏信必罚,彭羕、李严,皆纵横之魁桀,故羕诛而严流。其于儒者,则稍稍优容之。盖时诎则诎,能俯首帖耳于法家之下也。然儒家、法家、纵横家,皆以仕宦荣利为心,惟法家执守稍严,临事有效。儒家于招选茂异之世,则习为纵横;于综核名实之世,则毗于法律。纵横是其本真，法律非所素学。由是儒者自耻无用，则援引法家以为己有。南宋以后，尊诸葛为圣贤，亦可闵已。然至今日，则儒、法、纵横，殆将合而为一也。

次论名家。名家之说，关于礼制者，则所谓"刑名从商，爵名从周，文名从礼"也。关于人事百物者，则所谓"散名之加于万物者，则从诸夏之成俗曲期"也。《庄子·天下篇》云："《春秋》以道名分"，非特褒贬损益而已。《穀梁传》曰："陨石于宋五，先陨而后石，何也？陨而后石也。于宋四竟之内曰宋。后数，散辞也，耳治也。""六鹢退飞过宋都。先数，聚辞也，目治也。"石、鹢且犹尽其辞，而况于人乎？说曰："陨石，记闻也，闻其磕然，视之则石，察之则五。""六鹢退飞，记见也，视之则六，察之则鹢，徐而察之则退飞。"是关于散名者也。凡正名者，亦非一家之术，儒、道、墨、法，必兼是学，然后能立能破，故儒有荀子《正名》，墨有《经说》上、下，皆名家之真谛散在余子者也。若惠施、公孙龙辈，专以名家著闻，而苟为钘析者多，其术反同诡辩。故先举儒家荀子《正名》之说，以征名号。其说曰：

何缘而以同异？曰：缘天官。凡同类同情者，其天官之意物也同；故比方之疑似而通。是所以共其约名以相期也。形体、色理，以目异；声音清浊、调竽奇声，以耳异；甘、苦、咸、淡、辛、酸、奇味，以口异；香、臭、芬、郁、腥、臊、洒、酸、奇臭，以鼻异；疾、养、沧、热、滑、铍、轻、重，以形体异。说、故、喜、怒、哀、乐、爱、恶、欲，以心异。心有征知。征知，则缘耳而知声可也，缘目而知形可也,然而征知必将待天官之当簿其类然后可也。五官簿之而不知,心征之而无说,则人莫不然谓之不知,此所缘而以同异也。

然后随而命之,同则同之,异则异之;单足以喻则单,单不足以喻则兼;单与兼无所相避则共,虽共,不为害矣。故万物虽众,有时而欲遍举之,故谓之物。物也者,大共名也。推而共之,共则又共,至于无共然后止。有时而欲遍举之,故谓之鸟兽。鸟兽者,大别名也。推而别之,别则又别,至于无别然后止。物有同状而异所者,有异状而同所者,可别也。状同而为异所者,虽可合,谓之二实。状变而实无别而为异者,谓之化;有化而无别,谓之一实。此事之所以稽实定数也。此制名之枢要也。

按:此说同异何缘?曰缘天官。中土书籍少言缘者,故当征之佛书。大凡一念所起,必有四缘:一曰因缘,识种是也;二曰所缘缘,尘境是也;三曰增上缘,助伴是也;四曰等无间缘,前念是也。缘者是攀附义。此云缘天官者,五官缘境,彼境是所缘缘,心缘五官见分,五官见分是增上缘,故曰"缘耳而知声可也,缘目而知形可也"。五官非心不能感境,故同时有五俱意识为五官作增上缘。心非五官不能征知,故复借五官见分为心作增上缘。五官感觉,惟是现量,故曰"五官簿之而不知"。心能知觉,兼有非量、比量,初知觉时,犹未安立名言,故曰"心征之而无说"。征而无说,人谓其不知,于是名字生焉。

大抵起心分位,必更五级:其一曰作意,此能警心令起;二曰触,此能令根、即五官。境、识三和合为一;三曰受,此能领纳顺违俱非境相;四曰想,此能取境分齐;五曰思,此能取境本因。作意与触,今称动向,受者今称感觉,想者今称知觉,思者今称考察。初起名字,惟由想成,所谓口呼意呼者也;继起名字,多由思成,所谓考呼者也。凡诸别名,起于取像,故由想位口呼而成;凡诸共名,起于概念,故由思位考呼而成。同状异所,如两马同状,而所据方分各异;异状同所,如壮老异状,而所据方分是同。不能以同状异所者,谓为一物;亦不能以异状同所者,谓为二物。然佛家说六种言论,有云众法聚集言论者,谓于色、香、味、触等事和合差别,建立宅、舍、瓶、衣、车、乘、军、林、树等种种言论。有云非常言论者,或由加行,谓于金段等起诸加行,造环钏等异庄严具,金段言舍,环钏言生;或由转变,谓饮食等于转变时,饮食言舍便秽言生。见《瑜伽师地论》。然则同状异所者,物虽异而名可同,聚集万人,则谓之师矣;异状同所者,物虽同而名可异,如卵变为鸡,则谓之鸡矣。荀子未言及此,亦其鉴有未周也。

次举《墨经》以解因明。其说曰:

故所得而后成也。(《经上》)

小故有之不必然,无之必不然,体也若有端。大故有之必无然,若见之成见也。体若二之一,尺之端也。(《经说上》)

荀子惟能制名,不及因名之术,要待墨子而后明之。何谓因明?谓以此因明彼宗旨。佛家因明之法,宗、因、喻三分为三支,于喻之中，又有同喻异喻。同喻异喻之上，各有合离之言词，名曰喻体，即此喻语，名曰喻依。如云，声是无常。宗。所作性故。因。凡所作者，皆是无常，同喻如瓶；凡非无常者，皆非所作，异喻如太空。喻。墨子之"故"，即彼之"因"，必得此因，而后成宗，故曰"故所得而后成也"。小故大故，皆简因喻过误之言，云何小故？谓以此大为小之因。盖凡因较宗之"后陈"，其量必减，如以所作成无常，而无常之中，有多分非所作者，若海市电光，无常起灭，岂必皆是所作？然凡所作者，则无一不是无常。是故无常量宽，所作量狭。今此同喻合词。若云凡无常者，皆是所作，则有"倒合"之过，故曰"有之不必然"。谓有无常者，不必皆是所作也。然于异喻离词，若云凡非无常者，皆非所作，则为无过，故曰"无之必不然"。谓无无常者，必不是所作也。以体喻宽量，以端喻狭量，故云"体也若有端"。云何大故？谓以此大为彼大之因。如云声是无常不遍性，故不遍之与无常，了不相关，其量亦无宽狭。既不相关，必不能以不遍之因，成无常之宗，故曰"有之必无然"。二者同量，若见与见，若尺之前端后端，故曰"若见之成见也，体若二之一，尺之端也"。

近人或谓印度三支，即是欧洲三段。所云宗者，当彼断按；所云因者，当彼小前提；所云同喻之喻体者，当彼大前提。特其排列逆顺，彼此相反，则由自悟悟他之不同耳。然欧洲无异喻，而印度有异喻者，则以防其倒合，倒合则有减量换位之失。是故示以离法，而此弊为之消弭。村上专精据此以为因明法式长于欧洲。乃墨子于小故一条已能知此，是亦难能可贵矣。若鸡三足、狗非犬之类，诡辩繁辞，今姑勿论。

次论杂家。杂家者，兼儒、墨，合名、法，见王治之无不贯，此本出于议官。彼此异论，非以调和为能事也。《吕氏春秋》《淮南内篇》，由数人集合而成，言各异指，固无所害，及以一人为之，则漫羡无所归心，此《汉志》所以讥为荡者也。《韩非子·显学篇》曰："墨者之葬也，冬日冬服，夏日夏服，桐棺三寸，服丧三月，世以为俭而礼之。儒者破家而葬，服丧三年，大毁扶杖，世以为孝而礼之。夫是墨子之俭，将非孔子之侈也；是孔子之孝，将非墨子之戾也。今孝、戾、俭、侈，俱在儒、墨，而上兼礼之。漆雕之议，不色挠，不目逃，行曲则违于臧获，行直则怒于诸侯，世主以为廉而礼之。宋荣子之议，设不斗争，取不随仇，不羞囹圄，见侮不辱，世主以为宽而礼之。夫是漆雕之廉，将非宋荣之恕也；是宋荣之宽，将非漆雕之暴也。今宽、廉、恕、暴，俱在二子，人主兼而礼之。自愚诬之学、杂反之辞争而人主俱听之；故海内之士，言无定术，行无常议。夫冰炭不同器而久，寒暑不兼时而至，杂反之学不两立而治。今兼听杂学缪行同异之举，安得无乱乎？"韩非说虽如是，然欲一国议论如合符节，此固必不可得者。学术进行，亦借互相驳难，又不必偏废也。至以一人之言而矛盾自陷，俯仰异趋，则学术自此衰矣。东汉以来，此风最盛，章氏《文史通义》谓近人著作，"无专门可归者，率以儒家、杂家为蛇龙之菹"，信不诬也。

次论农家。农家诸书，世无传者，《氾胜之书》时见他书征引，与贾思勰之《齐民要术》、王祯之《农书》义趣不异。若农家止于如此，则不妨归之方技，与医经经方同列。然观《志》所述云："鄙者为之，以为无所事圣王，欲使君臣并耕，悖上下之序。"则许行所谓神农之言犹有存者。《韩非·显学篇》云："今世之学士语治者，多曰与贫穷地，以实无资。"是即近世均地主义，斯所以自成一家欤？

次论小说家。周、秦、西汉之小说，似与近世不同。如《周考》七十六篇、《青史子》五十七篇、《臣寿周纪》七篇、《虞初周说》九百四十三篇，与近世杂史相类，比于《西京杂记》《四朝闻见录》等，盖差胜矣。贾谊尝引《青史》，必非谬悠之说可知。如《伊尹说》二十七篇、《鬻子说》十九篇、《宋子》十八篇、《待诏臣安成未央术》一篇，则其言又兼黄老。《庄子·天下篇》举宋钘、尹文之术，列为一家，荀卿亦与宋子相难。今尹文入名家，而宋子只入小说，此又不可解者。以意揣之，"宋子上说下教，强聒不舍"，见《庄子·天下篇》。盖有意于社会道德者。所列黄老诸家，宜亦同此。街谈巷议，所以有益于民俗也。《笑林》以后，此指渐衰，非刍荛之议矣。

上来所述诸子，凡得十家，而《汉志》称九流者，彼云九家可观，盖小说特为附录而已。就此十家论之，儒、道本同源而异流，与杂家、纵横家合为一类；墨家、阴阳家为一类；农家、小说家为一类；法家、名家各自独立，特有其相通者。

（1906年9、10月《国粹学报》8、9号）

原儒

章太炎

儒有三科，关达、类、私之名。达名为儒，儒者，术士也。《说文》。太史公《儒林列传》曰"秦之季世坑术士"，而世谓之"坑儒"。司马相如言："列仙之儒，居山泽间，形容甚臞。"《汉书·司马相如传》语，《史记》儒作传，误。赵太子悝亦语庄子曰："夫子必儒服而见王，事必大逆。"见《庄子·说剑篇》。此虽道家方士言儒也。《盐铁论》曰："齐宣王褒儒尊学，孟轲、淳于髡之徒，受上大夫之禄，不任职而论国事。盖齐稷下先生千有余人，湣王矜功不休，诸儒谏不从，各分散。慎到、捷子亡去，田骈如薛，而孙卿适楚。"《论儒》。王充作《儒增》《道虚》《谈天》《说日》是应，举儒书所称者，有鲁般刻鸢，由基中杨，女娲炼石，共工触柱，鲑鱥治狱，屈轶指佞，黄帝骑龙，淮南王犬吠天上，鸡鸣云中，李广射寝石、矢没羽，荆轲以匕首擿秦王，中铜柱入尺，日中有三足鸟，月中有兔蟾蜍。是诸名籍，道、墨、名、法、阴阳、神仙之伦，旁有杂家所记，列传所录，一谓之儒，明其皆公族。

太古始有儒，儒之名盖出于需。需者，云上于天，而儒亦知天文、识旱潦，何以明之？鸟知天将雨者曰"鹬"，《说文》。舞旱暵者以为衣冠，《释鸟》，"翠，鹬"，是鹬即翠。《地官·舞师》，"教皇舞，帅而舞旱暵之事。"《春官·乐师》，有皇舞，故书"皇"皆作"䍿"。郑司农云："䍿舞者，以羽覆冒头上，衣饰翡翠之羽。"寻旱暵求雨而服翡翠者，以翠为知雨之鸟故。鹬冠者，亦曰术氏冠，《汉·五行志》注引《礼图》。又曰圜冠。庄周言："儒者冠圜冠者知天时，履句屦者知地形，缓佩玦者事至而断。"《田子方》篇文，《五行志》注引《逸周书》文同。《庄子》圜字作鹬，《续汉书·舆服志》云："鹬冠前圜。"明灵星舞子，吁嗟以求雨者谓之儒，故曾晳之狂而志舞雩，原宪之狷而服华冠，华冠，亦名建华冠。《晋书·舆服志》以为即鹬冠，华、皇亦一声之转。皆抗节不耦于同世辟儒，愿一返太古，忿世为巫，辟易放志于鬼道。阳狂为巫，古所恒有，曾、原二生之志，岂以灵保自居哉？亦以是通其狂惑而已。董仲舒不喻斯旨，而崇饰土龙，乞效虾蟆，燔獾荐脯，以事求雨，其愚亦甚。然则上古之儒固然，非后世所宜效也。古之儒知天文占候，谓其多技，其后施易，故号遍施于九流，诸有术者，悉晐之矣。

类名为儒，儒者，知礼乐射御书数。《天官》曰："儒以道得民。"说曰："儒，诸侯保氏，有六艺以教民者。"《地官》曰："联师儒。"说曰："师儒，乡里教以道艺者。"此则躬备德行为师，效其材艺为儒。养由基射白猿，应矢而下；尹儒学御三年，受秋驾。《吕氏》曰："皆六艺之人也。"《吕氏春秋·博志篇》。明二子皆儒者，儒者则足以为桢干矣。

私名为儒。《七略》曰："儒家者流，盖出于司徒之官，助人君顺阴阳明教化者也。游文于六经之中，留意于仁义之际，祖述尧、舜,宪章文、武,宗师仲尼,以重其言,于道为最高。"周之衰,保氏失其守,史籀之书、商高之算、蠭门之射、范氏之御,皆不自儒者传。故孔子曰:"吾犹及史之阙文也,有马者借人乘之,今亡矣夫。"盖名契乱,执辔调御之术,亦浸不正,自诡鄙事,言"君子不多能",为当世名士显人隐讳,及《儒行》称十五儒,《七略》疏《晏子》以下五十二家,皆粗明德行政教之趣而已,未及六艺也。其科于《周官》为师,儒绝而师假摄其名。然自孟子、孙卿,多自拟以天子三公。智效一官,德征一国则劣矣。而末流亦弥以哗世取宠。及郦生、陆贾、平原君之徒,铺歠不廉,德行亦败,乃不如刀笔吏。

是三科者,皆不见五经家。汉世称今文家为五经家,其古文家则不用是称,见《后汉书·贾逵传》。往者,商瞿、伏胜、穀梁赤、公羊高、高堂生诸老,《七略》格之,名不登于儒籍。若《孙卿书叙录》云:"韩非号韩士,又浮丘伯,皆受业为名儒。"此则韩非、浮丘并得名儒之号,乃达名矣。《盐铁论·毁学篇》云:"包北子修道白屋之下,乐其志。"或非专治经者。儒者游文,而五经家专致,五经家骨鲠守节过儒者,其辩智弗如。传经之士,古文家吴起、李克、虞卿、孙卿而外,知名于七国者寡。儒家则孟子、孙卿、鲁连、甯越皆有显闻。盖五经家不务游说,其才亦未逮也。至汉,则五经家复以其术取宠,本末兼陨,然古文家独异。古文家务求是,儒家务致用,亦各有适,兼之者李克、孙卿数子而已。五经家两无所当,顾欲两据其长,《春秋》断狱之言,遂为厉于天下。此其所以为异。自太史公始以儒林题齐、鲁诸生,徒以润色孔氏遗业,又尚习礼乐弦歌之音,乡饮大射,事不违艺,故比而次之。及汉有董仲舒、夏侯始昌、京房、翼奉之流,多推五胜,又占天官风角,与鹖冠同流。草窃三科之间，往往相乱。晚有古文家出，实事求是，征于文不征于献，诸在口说，虽游、夏犹黜之，斯盖史官支流，与儒家益绝矣。

冒之达名，道、墨、名、法、阴阳、小说、诗赋、经方、本草、蓍龟、形法，此皆术士，何遽不言儒？局之类名，蹴鞠弋道近射，历谱近数，调律近乐，犹虎门之儒所事也。若以类名之儒言之，赵爽、刘徽、祖晅之明算，杜夔、阮咸、万宝常之知乐，悉成周之真儒矣。今独以传经为儒，以私名则异，以达名类名则偏，要之题号由古今异。儒犹道矣，儒之名于古为术士，于今专为师氏之守；道之名于古通为德行道艺，于今专为老聃之徒。道家之名，不以题诸方技者，嫌与老氏捆也。传经者复称儒，即与私名之儒淆乱。《论衡·书解篇》曰："著作者乃文儒，说经者为世儒。世儒业易为，文儒之业，卓绝不循。彼虚说，此实篇。"案，所谓文儒者，九流、六艺、太史之属；所谓世儒者，即今文家。以此为别，似可就部，然世儒之名，又不可施诸刘歆、许慎也。孔子曰："今世命儒亡常，以儒相诟病。"谓自师氏之守以外，皆宜去儒名便，非独经师也。以三科悉称儒，名实不足以相检，则儒常相伐，故有理情性陈王道，而不丽保氏，身不跨马，射不穿札；即与驳者，则以愔窳诟之，以多艺匡之，是以类名宰私名也。有审方圆正书名，而不经品庶，不念烝民疾疢，即与驳者；则以他技诟之，以致远匡之，是以私名宰类名也。有综九流斋万物，而不一孔父，不蹙蹙为仁义，即与驳者；则以左道诟之，以尊师匡之，是以私名宰达名也。今令辨士艺人闳眇之学，皆弃捐儒名，避师氏贤者路，名喻则争自息。不然，儒家称师，艺人称儒，其余各名其家，泛言曰学者，旁及诗赋，而泛言曰文学。文学名，见《韩子》，亦七国时泛称也。亦可以无相鏖矣。礼、乐世变易，射、御于今粗粗，无参连、白矢、交衢、和鸾之技，独书、数仍世益精博。凡为学者，未有能舍是者也。三科虽殊，要之以书、数为本。

（1909年《国粹学报》第5卷第10期）

我思
敢于运用你的理智
崇文书局·我思图书

经典维新丛书

徐梵澄系列著作
尼采自传（德译汉）
薄伽梵歌（梵译汉）
玄理参同（英译汉并疏释）
陆王学述（简体本）
老子臆解（繁体横排本）
薄伽梵歌（印度版影印）
孙波：徐梵澄传（修订版）

禅解儒道丛书
憨山大师：老子道德经解
憨山大师：庄子内篇注
蕅益大师：四书蕅益解
蕅益大师：周易禅解
马一浮：老子注
章太炎：齐物论释
杨仁山：经典发隐
欧阳竟无：孔学杂著

唯识学丛书
周叔迦：唯识研究
唐大圆：唯识方便谈
慈航法师：成唯识论讲话
法舫法师：唯识史观及其哲学
吕澂唯识论著集
韩清净唯识论著集
梅光羲唯识论著集
王恩洋唯识论著集
……

太古丛书
谭嗣同：揭乡愿与大盗——仁学
梁启超：国民自新之路——新民说
章太炎：学问与革命——章太炎文选
鲁迅：解剖我自己——坟 热风